93세 노모의 레거시

93세 노모의 레거시

초판 1쇄 발행 2025년 09월 08일

지은이 김현석
펴낸이 류태연

펴낸곳 렛츠북
주소 서울시 영등포구 문래북로 116, 1005호
등록 2015년 05월 15일 제2018-000065호
전화 070-4786-4823 팩스 070-7610-2823
홈페이지 http://www.letsbook21.co.kr 이메일 letsbook2@naver.com
블로그 https://blog.naver.com/letsbook2 인스타그램 @letsbook2

ISBN 979-11-6054-771-9 03810

* 이 책은 저작권법에 따라 보호를 받는 저작물이므로 무단전재 및 복제를 금지하며, 이 책 내용의 전부 및 일부를 이용하려면 반드시 저작권자와 도서출판 렛츠북의 서면동의를 받아야 합니다.
* 잘못된 책은 구입하신 서점에서 바꾸어 드립니다.

93세 노모의 레거시

김현석 지음

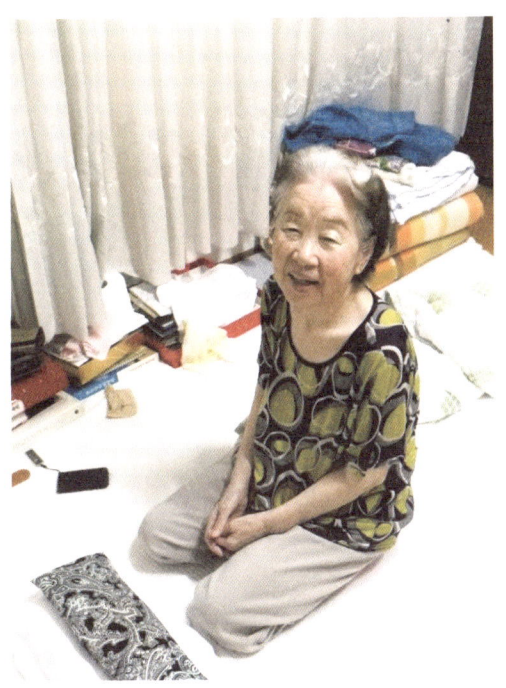

무릎 꿇는 기도는 내 평생의 사명, 2021년 8월

목차

시작하며 006

1부
예수님을 만나기 전

- 012 　사랑받았던 유년 시절
- 025 　내 생애 최고의 시절
- 044 　해방 후 고향에 돌아와서
- 058 　고된 시집살이 10년

2부
예수님을 만난 후

- 094 　내 인생을 바꾼 서울 상경
- 117 　내 평생의 신앙 간증
- 126 　하나님께서 주신 기도의 사명
- 131 　하나님의 임재 체험

3부
기도 노트와 손끝의 기쁨

166 나의 기도 노트
188 성경 필사와 뜨개질

마치며 190
부록 – 예수님과 함께 걸어온 길 193

시작하며

오랜 직장생활을 마친 어느 날, 우연히 노모의 인생 이야기를 듣게 되면서 평생을 함께 지내온 모친에 대해 너무 모르고 있었다는 죄송함과 혼자만 듣고 흘려보내기에는 아쉽다는 생각에 어떻게 하면 자녀들과 함께 나눌 수 있을까를 고민하다가 글 쓰는 일에 문외한인 나였지만 SaGA 레거시 아카데미 자서전 과정을 통해 배운대로 용기를 내어 시작했는데 어느덧 미약하나마 조그만 책자가 되었습니다.

무엇보다 감사한 것은 하나님께서 노모에게 기억력과 기록하는 습관을 허락해 주셔서 평생의 삶 속에서 체험한 하나님의 일하심을 다음 세대에게 생생하게 전할 수 있도록 은혜를 베풀어 주신 것과 노모의 생전에 아들이 쓴 원고를 눈으로 확인하게 해주신 것입니다.

지금과 같이 살아계시는 하나님의 역사를 체험하기 어려운 시대를 살아가는 우리에게, 노모의 신앙 간증과 체험이 읽는 모든 분에게 도움이 되기를 바라는 마음으로 기록하였습니다. 이 글의 진솔함은 먼저 노모의 모든 것을 아시는 하나님께서 이 모든 일에 증인이 되시고 반평생 노모를 옆에서 모시고 있는 둘째 딸 부부와 며느리, 그리고 노모의 뒷모습을 보면서 성장한 저희 3남매가 증인이기도 합니다.

노모의 인생 가운데 함께하셨고 지금도 함께하시며 앞으로도 함께하실 하나님께서 여러분의 삶 가운데서도 동일하게 역사하실 것을 믿습니다.

끝으로 자서전 출간을 위해 항상 옆에서 격려해 주시고 도움을 주신 SaGA 레거시 아카데미 김대순 학장님과 이윤재 부학장님, 궁한경 장로님, 그리고 임두순 장로님께 깊은 감사를 드립니다.

주후 2025년 7월
레거시 아카데미 김현석

원고를 읽으시는 김분홍 권사

시편 백이십칠편 솔로몬의 성전에 올라가는 노래

여호와께서 집을 세우지 아니하시면 세우는 자의 수고가 헛되며 여호와께서 성을 지키지 아니하시면 파수꾼의 깨어 있음이 헛되도다 너희가 일찍이 일어나고 늦게 누우며 수고의 떡을 먹음이 헛되도다 그러므로 여호와께서 그 사랑하시는 자에게는 잠을 주시는도다

보라 자식은 여호와의 주신 기업이요 태의 열매는 그의 상급이로다 젊은 자의 자식은 장사의 수중의 화살 같으니 이것이 그 전통에 가득한 자는 복되도다 저희가 성문에서 그 원수와 말할 때에 수치를 당치 아니하리로다

2024년 10월 28일

김분홍 권사

노모가 좋아하는 성경 구절(시편 127편)

1부

예수님을 만나기 전

사랑받았던 유년 시절

 나의 유년 시절을 한마디로 말한다면 국가적으로나 시대적으로 어려운 시기였지만 개인적으로는 유복하고 행복한 시절이었다고 회상된다. 경북 예천군 지보면 도하리에서 태어나 증조할아버지, 증조할머니, 할아버지, 할머니, 부모님과 함께 4대가 모여 사는 전통적인 대가족 문화에서 어린 시절을 보냈다. 증조할아버지, 증조할머니는 전통적인 농사일로 부를 일구신 분들이었고, 할아버지는 용궁 조합소, 지금으로 말하면 은행에 다니셨다.

 농사일에 진심이었던 증조할아버지는 어린 나에게도 할 일을 주셨는데 그것은 소 풀을 해오는 것이었다. 우리 집에는 일꾼 3명(어른 2명, 아이 1명)을 두고 소 2마리를 기르고 있었는데 원래 소 풀은 아이 일꾼의 몫이었다. 그러나 농사일이 많다 보니 소 풀을 해오는 것은 자연스럽게 나의 몫이 되었다.

 그러므로 나의 하루 일과는 대부분 소 풀을 해오는 것이었고 집에 2마리의 소가 있다 보니, 남보다 더 많은 소 풀을 해와야만 했다. 아이들이 소 풀을 해서 마을 어귀에 도착할 때쯤이면 동네 할머니들이 대문 앞에 나와 앉아서 우리가 해온 소 풀 바구니를 손으로 눌러보곤 했는데 내 것은 비록 크기는 작았지만 손으로 눌러도 들어가지 않을 정도로 꽉 채워져 있었다.

증조할아버지는 내가 소 풀을 해올 때마다 당신이 장롱 안에 넣어놓고 드시던 볶은 콩을 간식으로 한 줌씩 꺼내주곤 하셨는데 참 맛있게 먹었던 기억이 난다. 나중에 아버지를 따라 만주로 떠난 후에 증조할아버지는 소 풀을 위해 사용하라고 사주셨던 작은 바구니와 내 손에 맞게 대장간에서 따로 제작해 준 낫을 보면서 많이 우셨다고 했다.

한번은 학교 운동회가 있었는데 마을의 큰 행사였기에 나는 꼭 참석하고 싶었다. 그런데 증조할아버지가 소 풀을 다 해놓고 가라고 하셔서 고모들에게 내가 소 풀을 다 할 동안 기다렸다가 함께 가자고 신신당부를 했음에도 기다리지 않고 먼저 떠났다. 그것도 모르고 나는 마음이 온통 운동회에 가 있다 보니 소 풀을 하면서도 계속해서 집 있는 쪽을 바라보았는데 막상 집에 도착해 보니 고모들은 이미 떠나고 없었기에 막 울고불고 난리를 치니까 할머니는 내가 안쓰러워 보였는지 점심을 준비할 시간임에도 10리가 넘는 길을 데려다주셨다. 지금도 이 일을 생각하면 할머니께 죄송스러운 마음뿐이다.

우리 집에는 일꾼들을 위한 방이 따로 있었는데, 여름에 모를 심은 후 논매기를 할 때면 동네 일꾼들이 논매기를 다 마친 후 우리 집 마당에서 모여 놀았다. 그때 증조할아버지는 들마루에 누워계시고 일꾼들은 그 주위를 빙빙 돌며 꽹과리를 치면서 "쾌지나 칭칭 나네"라는 노래를 흥이 나서 부르곤 했다. 그러면 작은어머니는 간식으로 국수를 준비해서 대접했는데 모두 맛있게 먹은 후 각자의 집으로 돌아갔다.

이것은 할머니께 들은 이야기다. 하루는 자고 일어났더니 집 마당에 수확해 놓았던 콩 1가마가 없어져서 난리가 났던 적이 있었는데, 지금 생각하면 그 정도는 아무것도 아니라고 생각하겠지만 그때는 가난할 때라 콩 1가마가 상당히 큰 것이었다고 한다. 이것을 알게 된 증조할아버지는 마을 높은 곳에 있었던 우리 집 사랑방 지붕에 올라가서 마을 사람들을 향해 큰소리로 "콩가마를 오늘 밤까지 갖다 놓지 않으면 양밥(남을 저주할 때 무속적으로 취하는 조치)을 할 터이니 가져간 사람의 손이 오그라들 것이다!"라고 크게 외치셨다고 한다. 그런 후에 누군지는 모르지만 몰래 가져갔던 콩 1가마를 그날 밤에 갖다 놓았다고 하니, 그때를 살았던 사람들의 순수함을 짐작할 수 있는 사건이었다.

할아버지는 한학과 일본어에 능통하셨고 영어도 어느 정도 하셨는데, 그래서인지 증조할아버지와는 달리 농사일에는 별로 관심이 없으셨고, 퇴직 후에는 마을에서 젊은 사람들에게 한학을 가르치면서 지내셨다. 매년 하회마을 서애 대감의 제사에 초청받아 가셨고 이웃 동네의 크고 작은 행사에 참석하셨다. 그 시절에는 혼인 및 제사 때 글 쓰는 일이 많았는데 마을 안에서나 이웃 동네에서 부탁이 들어올 때마다 글을 써주기도 하셨고 때로는 직접 가서 써주기도 하셨다.

그러면 거기에 대한 보답으로 음식을 만들어 왔는데 그때마다 할머니는 "할아버지는 밖에 나가서 잘 드시니까 우리끼리 먹어도 된다"고 하시면서 우리와 함께 드시곤 했던 기억이 난다.

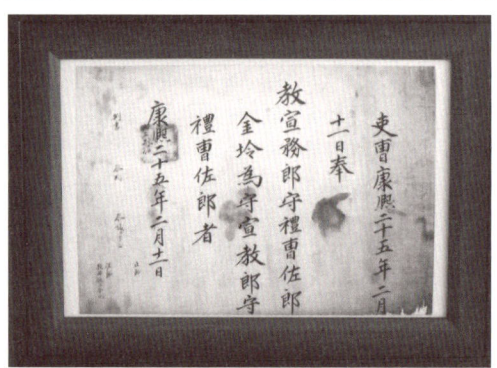

남동생이 보관 중인 교지(현감 발령장), 강희 36년(1697년) 9월 19일

할아버지는 성격이 까다로우셔서 외출하실 때 어린아이를 거의 데리고 다니지 않으셨는데 고모 집에 가실 때는 나를 꼭 데리고 가셨다. 지금도 기억나는 것은 내가 할아버지보다 앞장서서 가다가 이것저것 궁금한 것을 여쭙곤 했는데, 할아버지는 내 얘기를 관심 있게 들어주고 대답도 해주시면서 재롱부리는 나의 모습을 좋아하셨다.

언젠가 할머니가 갈기갈기 찢겨 진 007 가죽가방 같은 것을 하나하나 실로 꿰매고 헝겊을 붙여 소중하게 보관하고 있는 것을 보고, 비록 어린 나이였음에도 호기심이 생겨 할머니께 사연을 여쭈어 보니 살포시 웃으면서 말씀해 주셨다.

어느 날, 할아버지가 큰 가방과 작은 가방을 들고 술집 여자를 데리고 집에 왔는데 그것을 본 증조할아버지가 크게 화를 내시며 할아버지가 들고 있던 가방들을 빼앗아 마당에 내팽개친 후에 도끼로 찍어 산산조각을 내버리셨다고 한다. 할머니는 그렇게 산산조각이 난 가죽가방을 다 주워서 꿰매고 헝겊을 붙인 후에 서류를 보관하는 가방으로 사용하셨던 것이었다. 증조할아버지는 당장 그 여자를 집에서 쫓아내라고 호통을 치셨지만 늦은 시간이라 여자 홀로 산길을 보낼 수 없었기에 그날 하룻밤을 집에서 재우고 다음 날 일찍 아침 식사를 먹인 후 돌려보냈다고 한다.

할아버지(김종하)   할머니(민봉곡)

유년 시절 어머니는 집안일로 많이 바쁘셨기에 나는 주로 밭일을 맡아 하시는 할머니를 쫓아다니며 많은 시간을 보냈다. 여러 곳에 밭이 있었지만 특히 낙동강으로 둘러싸여 삼각주처럼 형성된 밭에 자주 갔었는데 이곳은 여름철 더울 때 땀이 나면 언제나 시원한 강물에 들어가서 미역을 감을 수 있어서 좋았다.

이 밭은 여름철 홍수가 난 후에 물이 천천히 빠지면서 퇴적물이 가라앉게 되는데 퇴적물이 땅을 기름지게 해주어서 무엇을 심든지 다른 밭에 비해 거의 2배 이상의 소출을 거두었다. 할머니는 이곳에 주로 콩을 심었고 추수 때가 되면 추수한 콩을 집에 가져와 그중에 덜 익은 콩을 골라내어 솥에 쪄서 가족과 친척들을 불러 함께 둘러앉아 먹곤 했는데 참 맛있게 먹었다.

아버지는 안동 권씨 무남독녀와 첫 번째 결혼을 했는데 결혼식 때 무려 26명의 하인들이 예물을 가지고 왔다고 한다. 오동나무 장부터 놋그릇, 놋세숫대야, 요강, 비단 옷감, 두루마기 등 없는 것이 없었다고 하니 그 당시 안동 권씨의 세도가 얼마나 대단했는지 짐작할 수 있을 것 같다. 그런데 큰어머니는 시집온 지 1달이 지나 건강이 안 좋아지셨고 치료차 친정에 갔다가 얼마 되지 않아 돌아가셨다고 한다. 아버지는 안동 장인어른 댁에 가서 큰어머니의 시신을 집으로 모셔왔는데 밤늦은 시간 배를 타고 낙동강을 통해 집으로 돌아올 때 배 안에는 아버지와 사공, 그리고 큰어머니 시신만 있었다고 회상하시면서 그때는 정말 무서웠다고 하셨다.

그 후에 아버지는 집 옆에 있는 샘에 저녁마다 물 길으러 오는 같은 마을에 사는 젊은 처자에게 관심을 갖게 되었는데 우리 집은 담이 비교적 낮은 편이라 사람이 지나다니는 것을 쉽게 볼 수 있었다. 그 당시 양반집 처자의 경우 낮에는 집 밖에 나오지 못하다가 해가 진 후에만 집 밖으로 나올 수 있었는데, 아버지는 특히 젊은 처자가 길게 땋은 머리에 댕기를 달고 좌우로 흔들며 걸어가는 모습이 퍽 마음에 들었다고 하셨다.

아버지는 작은할머니를 통해 하회 류씨인 어머니와의 중매를 요청했고 그 사이에서 태어난 첫째가 바로 나였다. 기다렸던 아이라서 그랬는지 나는 증조할아버지와 증조할머니, 할아버지와 할머니, 그리고 부모님께 많은 사랑을 받으면서 자랐다. 나중에 할아버지께 내 이름을 왜 '분홍'으로 지었느냐고 여쭈었더니 우리가 종갓집이라 모두 아들을 기다리고 있었는데 딸이 태어나 분해서 '분홍'이라고 지었다고 했다. 그런데 증조할아버지는 나를 "우리 부님이! 우리 부님이!"라고 부르셨다.

이름 때문에 생긴 에피소드가 있는데, 해방이 되어 만주에서 고향으로 돌아와 초등학교에 다닐 때 교장 선생님이 역사 시간에 무슨 말씀을 하시다가 "같은 값이면 분홍치마!"라고 말씀하셨는데 반 아이들 모두가 "와!" 하고 웃으면서 소리친 다음부터 내 별명은 '같은 값이면 분홍치마'가 되었다.

그 당시에는 시집온 어머니가 처음 친정을 방문할 때 먼저 죽은 큰어머니의 친정집에 가서 인사를 드린 다음 본인의 친정으로 가는 것이 고향의 풍습이었다. 어머니가 나를 임신해서 죽은 큰어머니 댁에 인사 갔을 때 큰어머니댁 외할아버지는 어머니를 죽은 딸처럼 여기면서 많이 배려해 주셨다. 그러면서 어머니에게 "네가 입덧도 하고 밥도 제대로 못 먹는데 시집에 있으면 고생하니까 여기서 입덧을 다 마치고 가거라!"고 말씀하셔서 갑작스럽게 일정을 변경하여 그곳에서 입덧을 다 마칠 때까지 머물다 왔다고 했다. 그 당시에는 안동 권씨인 큰어머니댁 외할아버지가 말씀하시면 시집에서도 그렇게 따를 수밖에 없었다고 한다.

이것은 아버지께 들은 이야기이다. 어머니가 결혼 후 점차 얼굴이 여위어 가는 것을 보고 어머니의 손목을 재어보았더니 계속 줄어들기에 아버지가 걱정되어 한번은 밤에 잠을 자지 않고 무슨 일이 있는지 지켜보았다고 한다. 그랬더니 어머니가 꿈속에서 돌아가신 큰어머니와 요강을 놓고 서로 내 것이라고 밤새 싸우다가 첫닭이 울고 난 후에야 비로소 잠시 잠들었다가 다시 일어나는 것을 알게 되었다.

이것을 보고 너무 안타까워서 무교였던 아버지였지만, 죽은 큰어머니의 길을 열어주기 위해 무당을 불러 굿을 하려고 했다. 하지만 무교였던 증조할아버지의 반대가 워낙 심해서 못하고 있다가 손자의 계속되는 요청에 증조할아버지도 더 이상 반대할 수 없었기에 아버지가 원하는 대로 3일 동안 굿을 했지만 해결되지 않았다고 한다.

결국 큰어머니의 시신을 화장해서 뼈를 뿌리고 그 혼을 집 안에 모신 후에야 해결되었다고 한다. 그러면서 아버지는 "분홍아, 이 세상에 귀신이 없다고는 못하겠구나"라고 말씀하셨던 것이 기억난다. 신기한 것은 그때 무당을 불러 집에서 굿했던 것이 내가 3살 때 일인데도 뚜렷하게 기억이 나서 한번은 고모들과 모인 자리에서 내가 먼저 굿했던 이야기를 했더니 깜짝 놀라면서 "네가 어떻게 그때 일을 기억하냐?"고 말했던 적이 있었다.

어머니의 외갓집은 같은 동네에 있었기에 어린 나는 매일 밥만 먹으면 외갓집에 가서 1살 어린 외사촌과 놀기도 하고 외사촌이 우리 집에 놀러 오기도 했다. 외할아버지는 인정이 많으신 분이었는데 내가 가면 "우리 부님이 왔는가!" 하면서 늘 반갑게 맞이해 주셨다. 그러면 나는 "네! 할아버지, 저 왔어요!" 하고 들어가서 하루종일 놀다가 오곤 했는데 나는 우리 외갓집을 "거지 집합소"라고 불렀다.

그 당시에는 사는 것이 궁핍하다 보니 거지가 참 많았는데 외갓집은 동네 입구에 첫 번째 집이었다. 외할아버지는 멀리서 거지가 오면 "애야, 손님 온다. 밥 차려라!" 하셨고 외숙모는 진짜 손님인지 거지 손님인지 알 수가 없어 당황해 하셨다. 그러면 내가 "외할아버지, 외숙모가 어떤 손님인지 궁금하대요"라고 말씀드렸고 외할아버지는 당연하다는 듯 "매일 오는 손님이구나!"라고 하셨다. 그제야 외숙모는 거지 손님인 줄 알고 꼭 상에다 밥과 있는 반찬을 준비해서 마당이 아닌 마루에서 대접했는데 거지 손님은 미안해서 마루에 앉지 않으려고 했다. 그래도 외할아버지가 괜찮다고 하시면서 자꾸 마루를 권하면 거지 손님은 할 수 없이 마루에 앉긴 했는데 미안한 마음에 어쩔 줄 몰라 했다. 그러면서 거지 손님에게 편하게 잡수시라고 말씀하시면 거지 손님은 "어르신, 제발 말씀 좀 놓으세요"라고 통사정을 했다. 그럼에도 외할아버지는 "다 같은 사람인데 어떠냐"고 하시면서 말을 놓지 않으셨다. 철없던 나는 그것이 못마땅해서 "할아버지, 제발!"이라고 말씀드리면 "야야, 그러면 안 된다! 다 같은 사람인데…"라며 거지 손님이 듣지 못하도록 작게 말씀하셨다.

　우리 마을에는 엿장수가 정기적으로 왔는데 항상 우리 집 대문 앞 양지바른 곳에 지게를 세워놓고 좌판을 벌였다. 그러면 동네 아이들이 하나둘 모여들었는데, 그때는 형편이 어려울 때라 대부분 남자아이는 위에만 옷을 입었고 아랫도리는 변변하게 입지 못했다. 나는 고모들이 머리를 빗고 빠진 머리카락 모은 것과 떨어진 삼베옷, 그리고 방앗간에서 곡식을 찧고 남은 쌀 등을 모아서 갖고 있다가 엿과 왕사탕으로 바꾸어 먹었는데 양이 꽤 많아서 내 마음에 드는 아이들에게만 나누어 주곤 했는데, 지금도 생각하면 거기에 모인 모든 아이에게 골고루 나누어 주지 못한 것이 못내 마음에 많이 걸린다. 그때 그 아이들이 얼마나 먹고 싶었을까!

　아버지는 만주로 떠나시기 전에 고향에서 술 도매상을 운영하셨기에 항상 집에 와서 점심을 드셨는데, 식사 후에 나를 자전거에 태우고 술 도매상으로 데리고 가서 유성기를 틀어주곤 하셨다. 아직 어렸던 나는 거기에서 나오는 만담을 듣고 유성기 안에 사람이 있는 줄 착각했다. 그래서 아버지에게 "어떻게 이 조그만 곳에 두 사람이 있어요?"라고 물어보았더니 아버지는 농담으로 이썸보시(일본말로 높은 게다 밑으로 다니는 조그만 사람)가 그 안에 있다고 말씀해 주셨는데 나는 진짜 그런 줄 알았다.

아버지는 용궁초등학교를 졸업하고 계속해서 중학교에 진학하기를 원했지만 할아버지의 반대로 진학을 포기하고 고향에서 술 도매상과 방앗간을 운영하다가 정리하고 결국 본인의 꿈을 이루기 위해 홀로 만주로 떠나가셨다. 아버지는 거기서 일본 사범학교를 졸업한 후 교사로 임명되어 우리 가족을 만주로 초청했다. 우리는 고향을 떠나 신의주로 갔다가 압록강을 건너 만주(통화성 유화현 오도구)로 갔는데 그곳은 두만강에서 가까운 지역이었다.

그때 내 나이 7살이었고 처음으로 기차를 타기 위해 할아버지와 함께 고향에 있는 기차역으로 가다가 기적 소리에 얼마나 놀랐던지 며칠 동안 앓았던 기억이 난다. 그 당시 국내에는 농사지을 땅이 부족하였기에 많은 소작농들이 넓은 땅을 무상으로 지원받아 경작할 수 있는 만주로 몰려왔는데 경상도와 전라도 사람들이 많았다.

만주로 가서 그곳에서 약 6년을 지내다 해방이 되어 돌아왔는데 아버지는 그곳을 많이 그리워하셨다. 문득 만주에 살면서 아버지와 함께 마당에 앉아 〈타향살이〉 노래를 함께 불렀던 것이 생각난다.

아버지는 노년에 "분홍아, 우리 남북이 통일되면 너와 함께 옛날에 살았던 곳에 한번 가보고 싶구나'라고 말씀하셨는데 안타깝게도 가보지 못하고 돌아가셨다.

내 생애 최고의 시절

아버지를 따라서 온 가족이 중국 만주에 가자마자 나는 아버지가 교사로 재직하던 초등학교에 다니기 시작했다.

그 당시 초등학교에는 대부분 나이가 지나서 온 학생들이 많았고 끝까지 초등학교를 마치고 졸업하는 학생은 적었다. 아버지는 내가 집에 있으면 심심할 테니 놀이터 삼아 학교에 다니라고 하면서 7살에 입학시켰는데 그 학교에서는 가장 나이 어린 학생이었다.

그때 학교 시스템은 전 과목 평균이 65점 이상 되어야 다음 학년으로 승급할 수 있었으며 초등학교 과정이 1~3학년까지는 초급 과정, 4~6학년까지는 우급 과정으로 나누어져 있었는데 다행히도 누락되지 않고 계속해서 승급할 수 있었다.

일제강점기라 한글은 2학년 때부터 배울 수 없었고 나중에 해방된 후 한국에 돌아와서 초등학교 때 1년 반 배운 것이 전부였다. 만주에서 다녔던 초등학교에서는 4학년 때 주산과 암산 과정이 있었는데, 한국에 와보니 초등학교 과정에서 주산과 암산 과목이 빠져있었다.

　나중에 시집와서 셋째 시누이에게 주산을 가르쳐 주었는데 시누이가 사업가의 가정으로 시집가면서 아주 요긴하게 사용했다면서 고마워했다.

　만주 초등학교의 교사들은 교장, 교감을 포함해 모두 한국 사람이었다. 하루는 교장 선생님이 우리 집을 방문했는데, 어머니와 내가 한국말로 대화하는 것을 듣고 그다음 날 학교 운동장에서 모든 학생이 모인 아침 조회 시간에 "교감 가정에서 일본말을 안 쓰고 한국말을 사용한다"며 꾸짖으셨고, 그 일로 충격을 받은 나는 그때부터 교장 선생님만 보면 나도 모르게 입을 닫고 말을 하지 않게 되었다.

　해방 후 고향에 돌아와서 초등학교에 다시 입학했을 때 가장 기억에 남는 것은 역사 수업이었다. 그때는 교장 선생님만 역사 교과서를 갖고 있었기에 학생들은 교장 선생님이 칠판에 뭔가를 쓰면 그것을 따라 적으면서 수업을 받았다. 역사 시간은 가장 첫 시간에 평교사가 아닌 교장 선생님이 직접 가르칠 정도로 중요하게 다루었는데 지금 우리나라 역사 교육의 실태를 보면 많이 안타까운 생각이 든다.

만주에서 가족과 함께. 부모님(김동현, 류연순), 맨 우측이 필자
(필자 교복의 치마 하단 흰색 2줄은 2학년을 뜻함)

나는 초등학교 때 입이 좀 짧았다. 그러다 보니 어머니는 어떻게 해서라도 나를 더 먹이기 위해 선생님과 상의해서 쉬는 시간이 되면 일부러 나를 집으로 심부름을 보냈다. 그러면 어머니는 미리 상을 차려놓고 밥을 먹고 가라고 권했지만, 나는 선생님이 시킨 심부름을 빨리해야 한다면서 먹지 않고 급하게 학교로 다시 달려가곤 했는데 이것이 어머니의 마음을 아프게 했던 것 같다.

지금 생각해도 내가 왜 그랬는지 모르겠다. 소풍 갈 때도 어머니가 나를 생각해서 김에 밥과 단무지를 섞어서 주먹밥을 만들어 도시락을 싸주셨는데 그때는 김이 얼마나 귀한 음식인지도 모르고 그것이 싫다며 선생님이 싸온 도시락과 바꾸어 먹곤 했다. 일제강점기에는 조선에서 나는 김을 다 일본으로 가져갔기에 김을 구경하기가 힘들었는데 설 명절 때 일부 교사들에게만 배급이 나왔다.

나는 학교에서 유희 시간을 참 좋아했는데 유희를 하기 위해서는 서로 짝을 정해야 했다. 키 큰 학생들부터 순서대로 짝을 맞추었기에 반에서 가장 어린 나는 짝이 없을 때가 많았는데 이것을 아버지에게 불평했더니 아버지는 담임교사에게 혹시 우리 분홍이가 짝이 없으면 그냥 선생님이 짝이 되어달라고 부탁했던 것 같다. 그 이후로 나는 영문도 모르고 자주 선생님과 짝이 되어 유희를 했는데 특히 선생님과 짝이 되어 원안에 들어가 유희를 할 때가 정말 좋았다.

한번은 할아버지가 우리가 살고 있던 만주에 방문하셨는데 우리 가족은 학교 바로 옆에 있는 관사에 살고 있었다. 하루는 할아버지가 교사들이 일본말로 학생들에게 지시하는 것을 가만히 듣고 있다가 잘못된 것을 지적해 주었는데 교사들이 깜짝 놀라서 고개를 숙이고 어쩔 줄 몰라 했다. 교사들은 두루마기 입고 갓을 쓴 노인이 설마 일본말을 알아들을 것이라고는 생각하지 못했던 것 같다. 할아버지는 그곳에서 특별히 하실 일이 없다 보니 내 숙제를 점검하셨는데 내가 가장 어려워했던 것은 어떤 내용을 읽고 서론, 본론을 적어가는 일본어 과목 숙제였다.

내가 끙끙대고 있으면 할아버지가 오셔서 "어디 보자"고 하시면서 한번 쭉 읽어보신 후 "그것도 모르냐"고 하시면서 서론, 본론을 말씀해 주곤 하셨다.

내가 "할아버지는 어떻게 그렇게 잘 아세요?"라고 여쭈어 보면 "나는 한번 보면 다 안다"라고 말씀하셨다. 그래서 그런지 숙제할 때 할아버지가 옆에 계시면 왜 그렇게 마음에 부담이 되었는지 모르겠다. 오죽하면 마음속으로 '차라리 할아버지가 이런 것을 몰랐으면 좋겠다!'라고 생각했을 정도였다. 그런데 아버지는 할아버지와는 정반대로 내가 숙제하는 것에 대해서 일체 간섭하지 않으셨는데 어린 마음에 그것이 얼마나 좋았는지 모른다.

내가 8살 때쯤 일이었던 것 같다. 홀로 기차를 타고 어딘가를 가는데 맞은편 좌석에 앉은 일본 여자가 물을 마시고 있기에 마침 나도 목이 말라서 서툰 일본말로 "미즈 좃도 구다사이(물 좀 주세요)"라고 얘기했는데 아마도 예의에 어긋난 말을 했던 것 같다.

그랬더니 그 일본 여자가 웃으면서 나에게 그렇게 이야기하지 말고 "스미마센가~ 미즈 스코시 구다사이요~ 네? (실례합니다만 물 조금만 주실 수 있으신가요?)"라고 얘기해야 한다고 가르쳐 주었는데 비록 어린 마음이었지만 내가 큰 실수를 했다는 부끄러움 때문에 지금까지도 잊혀지지 않는다.

나는 집에 돌아온 후에 부끄러워서 이 사건에 대해 아버지에게 말씀드리지 않았는데 만약 말씀드렸다면 아버지는 분명히 "미즈 좃도 구다사이"라며 나를 많이 놀리셨을 것이다.

한번은 학교 총각 선생님이 내 친구 집에 가정 방문을 갔다가 친구 언니를 보고 마음에 들었던 것 같다. 그런 일 후에 총각 선생님은 수업을 마치면 친구와 나를 남으라고 하면서 작은 북을 가르쳐 주었다. 어느 날, 총각 선생님이 편지지에 일본말로 노래 가사를 쓴 것이라고 하면서 친구 언니에게 갖다 주라고 했는데 우리가 노래 가사만 주면 어떻게 하느냐고 하면서 음도 가르쳐 달라고 해서 음도 같이 배웠다. 우리는 집에 가다가 적어준 노래 가사를 전봇대에 붙여놓고 친구와 함께 일본말로 노래를 부르고 있었는데 사람들이 웃으면서 지나갔다. 어떤 사람이 와서 "너희는 이 노래가 무슨 노래인지 아니?" 하면서 물어보길래 우리는 "몰라요"라고 대답했더니 그 사람이 "너희들 그것은 연애 노래인데 이 노래 부르면 퇴학당한다"라고 하는 것이 아닌가! 우리는 깜짝 놀라 바로 노래를 중단하고 편지를 접어서 친구 언니에게 갖다 주었다.

중국 만주 오도구 공립국민학교 제5회 졸업기념 사진
(강덕 10년(1943년) 12월 초급과정(1~3학년) 졸업)
앞에서 둘째 줄 우측에서 6번째 아버지(당시 교감), 2번째 필자(당시 3학년)

한번은 아버지가 탈장 수술을 위해 며칠간 병원에 입원하셨는데 어머니는 아버지 간호를 위해 병원에 가셨기에 집에는 아무도 없었다. 나는 친구들을 집에 불러 함께 노래를 부르며 놀았는데 그때 우리가 부른 노래 가사의 첫 부분이 "일본 청년은 용감하고 씩씩하다!"로 시작되었다. 그런데 내가 무슨 마음이 들었는지 누가 시킨 것도 아니었지만 친구들에게 노래 가사를 바꾸어 부르자고 했는데 가사 내용을 "한국 청년은 용감하고 씩씩하지만 일본 청년은 비겁하고 남루하다!"라고 일본 청년을 모독하는 내용으로 바꾸어 불렀다. 중국의 성안에 있는 집들은 한국처럼 집마다 별도의 담이 없기에 지나가는 사람들이 집안에서 노래를 부르면 충분히 들을 수 있었다. 그때 마침 우리 학교 선생님이 지나가다가 우리가 부른 노래를 엿듣게 된 것이다.

　다음 날, 우리가 가사를 바꾸어 부른 노래를 엿들은 선생님이 친구들을 한 명씩 교무실로 불러서 야단을 치는데 마지막으로 내 차례가 되었다. 선생님을 만나고 나온 친구들이 와서 "분홍아, 큰일 났다! 너 때문에 우리 모두 퇴학당할지도 몰라"라고 했다. 정말 어떻게 해야 할지 난감했다. 아버지라도 계시면 도움을 얻을 수 있었을지 모르겠지만… 아버지는 안 계시고 아무리 생각해도 나를 도와줄 사람이 없었다. 참담한 심정으로 교무실에 들어갔더니 선생님이 "분홍아, 네가 이 노래를 부른 것이 알려지면 당장 퇴학인데 어떻게 할래?"라고 하시면서 "이제 너는 큰일 났다!"고 하시는데 내가 생각해도 일본 청년을 모독한 것이 분명했기에 어떤 변명도 할 수가 없었다. 그저 머리를 숙이고 계속해서 선생님의 눈치만 살피고 있었다. 그럴수록 선생님은 "너 이제 어떻게 할래?"라고 하시면서 나를 더욱 거세게 압박했다. 아버지도 안 계시고 선생님은 계속해서 겁박하시니 도대체 무엇을 어떻게 해야 할지 몰라 그저 고개를 푹 숙이고 있을 뿐이었다. 선생님은 내가 불쌍해 보였는지 책상 서랍에 있는 다래 열매를 꺼내주면서 먹으라고 권했지만 도저히 그걸 먹을 정신이 아니었다. 그런데 주위에 있던 선생님들의 "킥킥" 하는 웃음소리에 고개를 살짝 들어보니 선생님들이 웃고 난리가 난 것이다. 그때야 비로소 안심할 수 있었다.

　내가 가장 걱정했던 것은 학교를 퇴학당한다는 것이었는데 그것은 감히 생각조차 할 수 없었다. 아버지가 퇴원 후 오셔서 혹시 무슨 말씀을 하실까 봐 한동안 계속해서 눈치를 살피고 있었는데 다행히 아무런 말씀도 하지 않으셨다.

　아버지는 내가 초등학교 2학년 때 교감으로 승진되어 만주 통화성에 있는 교육청에 출장을 자주 가셨는데 그때마다 내 선물을 잊지 않고 갖고 오셨다. 어릴 때는 주로 팽이 같은 장난감을 사주셨고 조금 더 큰 후에는 수놓는 명주실을 사주셨다. 나는 그렇게 선물 받는 재미로 아버지가 출장을 다녀오실 때마다 기차역으로 마중을 나가곤 했다. 그 실을 잘 간직하고 있다가 나중에 해방 후 한국에 돌아왔을 때, 워낙 천이 귀할 때라 할아버지의 못 쓰는 저고리 소매를 잘라 그 위에 수를 놓기도 했다. 그때 아버지가 선물로 사주셨던 남은 실은 지금도 보관 중이다.

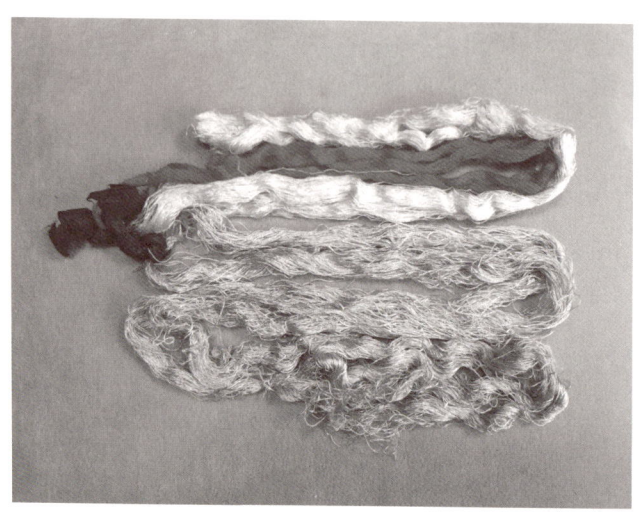

아버지가 만주에서 교육청 출장 시 사다 주신 83년 된 명주실

어느 여름방학 때 아버지가 나를 길림성으로 데리고 갔었는데 도착한 후 "분홍아, 오늘 너를 좋은 곳으로 데려가마!"라고 말씀하셨다. 우리가 향한 곳은 목욕탕이었다. 3개의 방으로 구분되어 있었는데 첫 번째 방은 개인별 욕조가 있는 방으로, 욕조에 누워서 몸을 불린 후 옆에 있는 두 번째 방으로 옮겨 세신 서비스를 받았다.

그런 후 다시 첫 번째 방으로 가서 깨끗한 물로 갈아놓은 욕조에 들어가 몸을 불린 후 다시 두 번째 방으로 옮겨 세신을 받았는데, 이렇게 3회를 반복한 다음 마지막에 머리를 감겨주었다. 그 후에 세 번째 방으로 옮겨갔는데 그곳은 지금으로 말하면 미용실 같은 곳이었다. 그렇게 세신을 하고 머리까지 단발로 단정하게 자르고 나니 기분도 상쾌하거니와 얼굴에서 마치 윤이 나는 것 같았다. 다 끝내고 나오니까 아버지는 목욕을 하지 않고 나를 기다리고 계셨는데 아마도 비용 때문이었던 것 같다. 나를 보시더니 "아이고 우리 분홍이 참 예쁘구나"라며 반겨주셨는데 난생처음 경험한 정말 기분 좋은 날이었다!

한번은 부모님이 증조할아버지 제사 때문에 한국에 다녀오기 위해 나와 여동생을 작은할아버지가 계시는 중국 길림성에 맡겨 놓았다. 그런데 3일째 되던 날 여동생이 자다가 이불에 실례를 하는 바람에 그곳에 나보다 한 살 더 많은 오촌 아주머니한테 얼마나 설움을 받았는지 모른다. 나중에 아버지와 우리 집을 방문한 오촌 아주머니의 언니에게 그 일에 대해 많은 불평을 쏟아놓았더니 아버지가 "이제 오촌 아주머니 언니가 길림성에 가서 네가 불평한 것을 전하면 다시는 그 집에 가지도 못한다"고 겁박하시면서 나보고 사과하는 편지를 쓰라고 하셨다. 나는 할 수 없이 한참을 고민하다가 끙끙대며 일본말로 편지를 쓴 후에 아버지께 보여드렸는데 아버지와 오촌 아주머니 언니가 내가 쓴 편지를 읽으면서 얼마나 배꼽을 잡고 웃었는지 모른다며 나중에 얘기해 주셨다. 아버지는 일부러 그렇게 하신 것인데 나는 그것도 모르고 아버지에게 완전히 당하고 말았다.

아버지는 어머니를 참 많이 사랑하셨다. 한번은 어머니가 복막염에 걸렸는데 누가 아버지에게 복막염에는 뱀이 좋다고 해서 뱀을 주머니에 넣어 푹 고아서 탕을 만들어 어머니에게 드렸다. 아버지는 뱀탕이란 것을 어머니에게 알리지 않고 주는 것을 미안하게 생각하셨는지 상에 뱀탕 그릇 2개를 준비해서 먼저 동쪽을 향해 공손히 절을 한 후(아마도 치유를 위해 천지신명께 비는 것 같았다) 본인이 뱀탕을 먼저 먹은 후에 "나도 먹었으니 이제 자네도 들게!"라고 하셨고 어머니는 뱀탕인 줄도 모르고 드셨다.

일 년에 1~2번 일본인 장학사가 학교를 방문했을 때 장학사들이 일을 마치면 우리 집에 와서 식사를 했는데 학교 주변에는 마땅히 식사할 만한 식당이 없었기 때문이었다. 어머니가 식사를 준비해서 대접하면 장학사들이 맛있다며 칭찬을 많이 했는데 특히 깻잎 요리가 맛있다며 요리법을 알려달라고 해서 아버지가 설명해 주기도 했다. 그때마다 아버지는 식사 자리에 어린 나를 몇 시간이고 무릎 꿇고 앉게 하셨는데, 어린 나에게 이것이 얼마나 지루했을지 여러분 상상에 맡기겠다. 이렇게 식사 자리가 거의 끝날 때쯤 되면 아버지는 장학사에게 옆에 있는 나를 가리키면서 "우리 분홍(훈꼬)이를 중학교에 부탁한다"고 하셨고 장학사는 "걱정하지 말라"며 흔쾌히 대답하곤 했다.

일제강점기에는 한국 학생의 중학교 진학이 매우 어려웠는데 일본 학생들에게 우선 기회를 주고 남은 자리에 한국 학생들이 갈 수 있었기 때문이었다. 물론 중국 사람들은 더 말할 것도 없었다. 그 당시 어렸던 나는 나중에서야 이런 아버지의 깊은 마음을 깨달을 수 있었다.

어느 날, 학교 수업을 마치고 밭에서 한참 일하는데 마침 일본 군인들이 지나가고 있길래 "전쟁은 어떻게 되고 있느냐?"고 물었더니 "전쟁은 이기고 있으니 학생들은 걱정하지 말고 공부나 열심히 하라"고 말하면서 지나갔다.

그로부터 일주일 만에 아버지가 밤에 밖에 다녀오시더니 "분홍아, 일본이 항복한 것 같구나!"라고 말씀하셔서 "아버지, 아니에요! 제가 일주일 전에 일본군이 지나갈 때 물었더니 전쟁에 이기고 있다고 했어요"라고 말씀드렸더니 "아니다. 일본 군인들이 일본 국가를 부르고 있다!"라고 말씀하셨는데 마침내 일본이 항복했고 우리 가족은 만주에서 해방을 맞이했다. 나는 그때 처음으로 길거리에서 우리나라 태극기를 볼 수 있었다.

그런데 중국에서 해방을 맞이하다 보니 안전이 가장 큰 문제였다. 어떤 중국 사람은 "우리가 무섭지 않느냐"며 협박하기도 했다. 다행히 아버지는 중국 사람과의 관계가 좋았기에 한국으로 나올 때 우리가 갖고 있던 물건들을 거의 다 팔 수 있었고 피난길에 필요한 돈을 마련할 수 있었다.

중국은 집마다 담이 없고 성 전체가 성벽으로 둘러싸여 있는데 성 밖에는 가끔 비적 떼가 출몰하였다. 그런데 일본이 항복한 후에는 비적 떼의 출몰이 더 많아졌다. 아버지가 해방 직전 만주에서 근무했던 학교와 사택은 새로 지은 건물이었는데 성 밖에 있었기에 우리는 성안으로 일단 피신했다가 후에 한국 사람들이 운영하는 회사가 모여있는 곳으로 피신했는데 그곳은 또 다른 벽으로 둘러싸여 있었기에 더 안전한 곳이었다.

  만주에서 한국으로 출발하기 위한 첫 단계는 두만강을 건너는 것인데, 우리는 먼저 두만강을 건너는 기차역까지 이동하기 위해 트럭을 빌렸다. 트럭 짐칸 맨 안쪽에는 어린아이들을 태우고, 그 주변으로 여자들을 태웠다. 모든 성인 남자들은 손에 몽둥이나 삽, 도끼 등 무기가 될만한 것을 하나씩 들고 짐칸 가장자리에 앉아 계속 경계하면서 이동했다.

  제일 안타까웠던 것은 그때가 막 벼농사를 마치고 추수를 끝낸 시점이라 볏단을 세워놓고 수확물을 하나도 거두지 못한 채 그곳에 두고 떠났는데 농민들의 마음이 어떠했을지 생각하면 지금도 마음이 아프다. 당시 그곳에 살던 한국인 중에는 고국으로 돌아오고 싶었지만 돈이 없어서 피난을 나오지 못한 사람도 꽤 있었는데 그들이 지금의 조선족이 되었다.

  우리 작은할아버지의 경우 길림성 철도국에 다니셨는데 해방 후 고향으로 가족과 함께 돌아오셔서 얼마간 지내시다 답답하다고 하시면서 가족 모두 다시 길림성으로 돌아가셨다.

만주 통화성에 있는 두만강을 건너기 위해 기차역에 도착하니 피난민을 위한 텐트가 설치되어 있었고 피난민들이 많이 모여있었다. 기차는 객차 칸이 겨우 3개였고 오는 시간도 일정치 않았기에 그야말로 아수라장이었다.

기차를 타기 위해 기다리고 있는 동안 함경도에 사는 학교 제자들이 아버지를 찾아와서 우리 집으로 오라며 초청하기도 했는데 참고로 그 당시 만주에는 평안도, 함경도 사람들도 많이 건너와 살고 있었다.

마침내 기차를 타기 위해 탑승구를 통과하는데 나를 제외한 가족들 모두가 통과한 후 소련군이 바로 내 앞에서 탑승구를 막았다.

내가 "아버지!" 하면서 막 소리를 지르니까 아버지가 저 멀리 앞서가시다 내 목소리를 듣고 급히 달려와서 손짓 발짓으로 우리가 한가족이니 통과시켜 달라고 이해시켜서 겨우 통과할 수 있었다.

드디어 기차를 타고 두만강을 건너는데 다리 중간쯤 가다가 객차와 짐칸 모두 떼어놓고 기관차만 달아난다. 그러면 객차 안에서 방장들이 돈을 모아 건네주어야 다시 와서 객차를 연결하고 이렇게 3번을 반복한 후에야 비로소 두만강을 건널 수 있었다.

두만강을 건너 기차역에 도착하면 소달구지를 갖고 기다리는 사람들이 있었는데 이들은 피난민을 38선까지 안내하고 돈을 받는 일종의 브로커였다. 피난길에는 돈이 많이 필요했기에 우리 가족 모두는 조금이라도 공간이 있는 곳에는 돈으로 가득 채웠다.

당시 유아였던 남동생의 옷과 포대기 안, 그리고 부모님과 우리의 속옷, 양말, 혁대 등 공간만 있으면 돈으로 채웠다. 기차역에서 38선까지 인도해 주는 브로커의 안내를 따라 소달구지에 짐을 싣고 38선으로 내려오는데 멀리서 어떤 부부가 우리를 계속해서 따라오는 것을 목격했다. 이상해서 확인해 보니 일본인 판사 부부였는데 38선으로 가는 길을 잘 몰라서 우리를 따라오는 중이라고 했다. 아버지는 일본인 부부에게 우리를 가까이 따라오다가 발각되면 우리도 문제가 생길 수 있으니 가능한 보이지 않게 멀리 떨어져 따라오라고 했는데 그때부터는 우리의 시야에서 보일 듯 안 보일 듯 거리를 두고 따라왔다. 38선 가까이 이르니 도로 밑에 얕은 개울이 있었는데 그것이 바로 38선 경계였다. 그 개울 주변 도로를 소련 군인들이 양옆이 트인 지프 차를 타고 주변을 계속 주시하면서 왔다 갔다 했지만, 근처에 미군은 보이지 않았다. 경계가 그렇게 삼엄한 편은 아니었지만 일단 걸리면 붙잡혀 간다고 들었기 때문에 다들 긴장을 늦추지 않았다. 가까스로 38선을 건넜을 때 멀리서 소련군 지프 차가 다가왔다. 아마도 우리를 본 것 같았는데 이미 38선을 넘어서 그랬는지 다행히 쫓아오지는 않았다. 조금만 늦었어도 순찰하는 소련군에게 걸릴 뻔한 아슬아슬한 순간이었다. 38선을 넘으니 그곳에 안내하는 사람이 있었는데 그곳이 바로 개성이었다.

    그곳에서 하룻밤을 자고 다음 날 서울역에 도착했다. 서울역 근처에 도착하니 피난민 수용소가 따로 마련되어 있었고 일본인을 위해서도 서울역에 별도의 장소가 준비되어 있었다. 일본인은 모두 무릎을 꿇고 얼굴을 숙인 채 본국으로 돌아가기 위해 별도로 쳐놓은 줄 안에서 기다리고 있었다.

    이날 내 평생 잊지 못할 큰 사건이 발생했으니…, 우리 가족은 늦은 저녁때가 되어 수용소 건물 3층에 올라갔다. 부모님은 짐 정리하느라고 정신이 없었고 나는 소변을 보러 나왔다가 저 멀리 전기등이 빤짝거리는 것을 보고 호기심이 발동했다. 수용소 앞에 가로수가 있다는 것만 기억해 놓고 길을 따라 팔짱을 끼고 두리번거리며 정신없이 한참을 내려가고 있는데 갑자기 미국 청년 2명이 눈앞에 나타났다. 나에게 영어로 이야기하는데 아마도 내가 길을 잃어버린 줄 알고 자기들과 함께 가자고 하는 것 같았다.

    갑자기 정신이 번쩍 들었다! 내가 손짓 발짓하면서 싫다고 했더니 미국 청년들이 걱정이 되었는지 계속해서 내가 가는 것을 지켜보고 있었다. 갑자기 큰 두려움이 몰려왔고 그제야 오던 길을 뒤돌아보니 길을 따라 가로수 수십 그루가 나란히 심겨 있었다. 수용소를 떠나기 전 생각해 두었던 가로수는 전혀 도움이 되지 못했다. 얼마나 많이 내려왔는지 한참을 올라갔지만 수용소는 나타나지 않았다.

일단 차분히 마음을 가라앉히기 위해 사람들이 없는 건물 사이로 들어가서 한참 동안 수용소 주변에 무엇이 있었는지를 곰곰이 생각해 보았다. 수용소 건물 맞은편 벌판 같은 곳에 거적때기로 만든 화장실이 떠올랐다.

다시 나와서 건물 쪽을 보지 않고 반대편 쪽을 주시하면서 올라가다 보니 거적 대기 화장실이 눈에 들어왔고, 그 앞에 있는 수용소 건물을 찾을 수 있었다. 얼마나 반갑던지! 만약 그때 거적때기 화장실이 기억나지 않았더라면 어떻게 되었을까 정말 아찔한 순간이었다.

수용소 건물에 도착해서 층계를 올라가는데 밤중이라 그런지 1, 2층은 모두 불이 꺼져있었고 조용했다. 나는 혹시 잘못 온 것은 아닌가 하는 생각에 겁이 덜컥 나서 2층까지 갔다가 다시 1층으로 내려올까 하다가 마음을 고쳐먹고 발뒤꿈치를 들고 조심스럽게 3층으로 올라갔는데 문틈으로 피난민들의 웅성거리는 소리가 나길래 얼마나 기뻤는지 모른다. 그때까지도 아버지는 짐을 정리하느라 정신이 없다 보니 내게 어떤 일이 있었는지 전혀 모르고 계셨다.

나는 아버지를 보자마자 갑자기 서러운 마음이 복받쳐 울기 시작했다. "아버지는 내가 없어진 것도 모르고 찾지도 않는다"면서 손으로 아버지 가슴을 막 두드리면서 원망했더니 아버지는 영문도 모른 채 "분홍아, 내가 짐을 정리하느라고 몰랐구나. 내가 잘못했다! 잘못했다! 우리 분홍이가 그랬어! 그랬어! 미안하다! 미안하다!" 하시면서 나를 얼마나 인정스럽게 달래주셨는지 모른다. 비록 모든 것이 내 잘못이었지만 아버지는 사랑으로 나의 서러웠던 마음을 다 받아주셨다.

나처럼 아버지의 따뜻한 사랑을 많이 받은 사람이 또 있을까? 내가 실컷 울고 난 다음에 아버지에게 자초지종을 다 말씀드렸더니 아버지는 웃으시면서 "서울에는 가로수를 똑같이 심는데 그것을 기준으로 삼으면 되겠니?"라고 말씀하셨다.

우리 아버지와 같은 분이 또 계실까? 어쩌다 내가 트림을 하면 아버지는 "분홍아, 왜 속이 안 좋으냐?" 하시면서 금방 약을 갖고 와서 먹으라고 하셨다. 내가 "아버지, 약 못 먹겠어요!"라고 하면 나를 달래시면서 "괜찮으니까 천천히 다 먹으럼!" 하시며 약을 다 먹을 때까지 지켜보곤 하셨다.

이렇게 사랑하는 딸을 시집보내고 나를 보기 위해 시집에 찾아오셨을 때 내 얼굴에 부스럼이 생긴 것을 본 아버지는 "분홍아, 네 얼굴에 약 좀 발라야 되겠구나"라고 하셨다. "아버지, 약이 있어야 바르지요… 여기는 먹는 약도 없지만 바르는 약도 없어요"라고 대답했을 때 아버지의 마음은 어떠셨을까? 생각할수록 죄송스럽고 미안한 마음뿐이다.

해방 후 고향에 돌아와서

만주에서 초등학교 6학년 졸업을 4개월 남기고 해방을 맞이했기에 경북 예천 고향으로 돌아와서 다시 지보초등학교 5학년 2학기에 입학해서 1년 반을 다닌 후에야 초등학교를 졸업하게 되었다.

그 당시 모든 사진은 흑백사진이었고 특별한 경우 컬러사진을 찍었지만 지금의 컬러사진과는 많이 달랐다. 학교 바로 앞에 사진관이 있었는데 학생들이 많이 방문했기에 사진관에는 홍보용 앨범을 제작해서 비치해 두었다. 홍보용 앨범에는 3장의 컬러사진과 여러 장의 흑백사진들이 있었는데, 3장은 평양의 유명한 기생 하월이와 사진사 본인, 그리고 내 사진이었다. 사진사는 그 앨범에 있던 동일한 컬러사진 2장을 현상하여 내게 주었는데 잘 보관하고 있다가 시집 갈 때 가지고 갔다.

6.25 전쟁 때라 보관할 곳이 마땅치 않았기에 그때는 사진을 포함해 중요한 물건들을 항아리에 담아 땅속에 묻어 보관했는데 전쟁

막바지에 인민군들이 북으로 도망가면서 땅속에 묻어둔 독을 어떻게 알았는지 다 파헤치고 그 안에 있는 것들을 다 가지고 갔기에 아쉽게도 그 사진이 지금은 없다. 나중에 들은 이야기이지만 남편과 결혼 후 한 달 동안 친정에 머물러 있을 때 남편은 이 사진을 사랑방 책 속에 끼워놓고 일하러 갔다 와서 잠시 쉴 때 한 번씩 꺼내서 보았다고 한다. 한참 후 친정 사촌 남동생이 지보초등학교 교사로 발령받아 갔었는데 학교 앞 사진관에 있는 홍보용 앨범에서 누님 사진을 보았다면서 얘기해 주었다.

초등학교를 졸업할 때쯤 3살이었던 남동생이 방에서 재롱을 부리며 뒷걸음치다 화롯불에 걸려 넘어지면서 엉덩이에 화상을 입는 사건이 발생했는데, 이것 때문에 남동생은 누워서 잘 수가 없게 되었다. 어머니는 거의 3개월 동안 밤낮으로 남동생을 안아서 키우시다가 힘에 부치셨던지 결국 만주에서 앓았던 복막염이 재발해 자리에 누우셨고, 그때부터 시름시름 몇 개월을 고생하셨다.

그때부터 학교에서 돌아오자마자 나는 어머니의 팔다리를 주무르는 일이 일과 중 하나가 되었다. 어머니가 돌아가실 때쯤에는 거의 음식을 드시지 못했는데 돌아가시던 날 미음을 너무 잘 드시길래 기분이 좋아서 "어머니, 이렇게 잡수시면 내일은 동네에 나가셔도 되겠어요"라고 했더니 어머니가 "응…"이라고 답하시길래 어린 나는 신이 나서 계속해서 드렸다. 그것을 보시던 집안 할아버지께서 나중에 고생하니까 더 이상 주지 말라고 말씀하셨다.

철없던 나는 그 말씀이 왜 그렇게 섭섭하게 들렸는지 모른다. 집안 어른들은 어머니가 곧 돌아가신다는 것을 알고 계셨던 것 같다. 그때 어머니의 손발을 주무르면서 발을 만져보면 차갑게 느껴져서 "어머니, 왜 이렇게 발이 차요?"라고 여쭤면 어머니는 말씀은 못 하시고 그냥 "응…"이라고만 하셨는데 몸은 이미 뻣뻣하게 굳어져 있었고 단지 목에 숨만 붙어있었던 것이었다.

무엇이든 여쭤면 대답은 못 하셨고 그저 계속해서 응, 응, 응 하는 소리만 내셨다. 그날도 아버지가 학교에서 집에 돌아와 방에 들어오시면서 어머니에게 "이 사람아, 내가 왔네!"라고 하니까 반듯하게 누워계시던 어머니가 옆으로 누우시면서 "아이고, 뼈야!" 하시면서 손으로 아버지의 목을 껴안으셨다.

아버지가 "그래, 이제 내가 자네 옆에 계속 앉아있을 테니 걱정하지 말게"라고 말씀하신 후에야 어머니는 껴안으셨던 깍지 낀 손을 풀어주셨다. 아버지는 나에게 "내가 여기 있을 테니 너는 이제 잠깐 밖에 나가 좀 쉬거라…" 하셔서 밖으로 나와 멍석을 깔아놓은 마당에 누웠는데 나도 모르게 깜빡 잠이 들었던 모양이다.

어느 순간 깜짝 놀라 일어나서 방에 들어가 보니 어머니가 누웠던 자리에 안 계셨고 방 한쪽에는 어느새 병풍이 처있었다. 아버지는 목에 수건을 걸고 울고 계셨는데 나를 보자마자 안고 밖으로 나오셨다. 그러면서 "네 어머니는 좋은 곳에 가셨다"고 하면서 나를 위로해 주셨다.

그렇게 어머니는 돌아가셨지만 나는 어머니가 너무 보고 싶어 한번은 무덤에 가서 기대어 있다가 나도 모르게 깜빡 잠이 든 적도 있었다. 어머니가 보고 싶어 저녁마다 보게 해달라고 빌었더니 매일 꿈속에서 어머니를 볼 수 있었는데 어머니는 꼭 집이 아닌 산에서 나타나셨다. 흰옷에 비녀는 없었지만 머리를 단정히 빗고 있는 모습으로 나타나 다정하게 다가와서 친근하게 20일 정도를 지내고 있는데 한번은 어머니가 흰옷을 입고 머리를 산발한 모습으로 나타나서 "이년아, 나를 실컷 봐라!" 하면서 나를 쫓아다니는데 얼마나 무서웠던지 그때 어머니에 대한 오만 정이 떨어졌다.

이렇게 어머니와 정을 뗀 후로 다시는 꿈속에 나타나지 않았는데 지금 생각해 보면 그때 그렇게라도 어머니와 정을 떼지 않았다면 나는 어머니가 너무너무 보고 싶었기에 온갖 정신이 거기에만 팔려 정상적인 생활이 어려웠을 것 같다는 생각이 든다.

어머니는 돌아가시기 몇 개월 전에 새어머니를 미리 정해놓고 집에서 살림하도록 허락했는데 이렇게 하면 더 오래 살 수 있다는 이야기를 듣고 그렇게 하셨던 것 같다. 나는 어머니가 돌아가신 후 시집갈 때까지 새어머니와 비교적 잘 지냈다. 새어머니는 할아버지, 할머니, 우리와 함께 고향에서 지냈고, 아버지는 교직에 계시다 보니 계속 전근을 다니셨는데 주중에는 학교 사택에 계시고 주말에만 집에 오셨다. 동네에 놀러 나가면 동네 어른들이 새어머니에 대해 물어보곤 했는데 내가 "새어머니는 새어머니대로 적응하느라고 힘들고 우리도 새어머니와 적응하느라고 서로 힘들어요!"라고 대답하면, 모두 혀를 내두르면서 분홍이가 진짜 어린애가 맞느냐면서 수군거렸다. 지금 생각해도 내가 어떻게 그런 대답을 했는지 잘 모르겠다.

지보초등학교를 졸업할 때쯤 담임 선생님이 나를 부르시더니 "왜 중학교 지원서를 제출하지 않느냐?"고 물어보시는데 차마 이유를 대답할 수 없었다. 선생님은 "너는 교장 선생님 딸이라 제일 먼저 제출할 것으로 생각했는데…" 하시면서 세 번이나 계속해서 물어보실 때 참았던 눈물이 폭발했다. 선생님은 이런 나의 모습을 보고 한참을 생각하시더니 "분홍아, 미안하다. 내가 미처 네 형편을 생각하지 못했구나!" 하시면서 나를 달래주셨다. 어머니가 살아계실 때 아버지는 항상 중학교에 보내주겠다고 약속하셨고 그것이 아버지의 진심이었지만 새어머니가 들어오면서 나의 중학교 진학은 좌절되고 말았다.

이로 인해 아버지를 많이 원망했지만 시간이 지날수록 아버지의 마음을 조금씩 이해하게 되었다. 그렇게 사랑하는 맏딸을 중학교에 진학시키지 못하고 낯선 곳으로 시집보내야 하는 아버지의 마음은 얼마나 더 힘들고 고통스러우셨을까?

경북 예천 지보초등학교 졸업 사진, 여학생만 찍음
(뒷줄 오른쪽 첫 번째가 선생님, 세 번째가 필자)

그럼에도 나는 중학교에 꼭 진학하고 싶은 마음이 있었기에 시집올 때 초등학교 6학년 학습교재를 갖고 왔으니 얼마나 순진하였던가! 공부는 고사하고 호된 시집살이가 나를 기다리고 있었다. 막상 시집에 와보니 내 또래의 여성 가운데 초등학교를 졸업한 사람은 나 외에는 아무도 없었다.

시아버님은 젊은 시절 일본의 선진 문물을 경험하셔서 자녀 교육에 관심이 많으셨기에 시숙을 중학교에 보냈는데 그 당시 시숙의 중학교 졸업앨범을 보면 문경군에서 졸업생이 시숙 1명뿐이었으니 그 당시 우리 농촌의 교육 현실이 어떠했는지 짐작할 수 있다.

   나의 유일한 취미생활은 수를 놓는 것이었다. 아버지께서 만주에서 사주신 실로 못 쓰는 할아버지의 명주 저고리 소매를 잘라서 수를 놓았다. 실이 귀할 때여서 뒷면에는 실을 사용하지 않는 방법으로 수를 놓았기에 두 배의 정성이 필요했다. 아버지가 보시더니 "분홍아, 예쁘게 수를 놓았구나. 나도 하나 주렴!" 하셔서 하나는 아버지께 드리고 하나는 보관하고 있는데 명주실은 직접 물레질해서 짠 것이다.

13세 때 할아버지 저고리를 잘라서 수놓은 무궁화

15세 때 물레질해서 짠 명주실로 수놓은 것

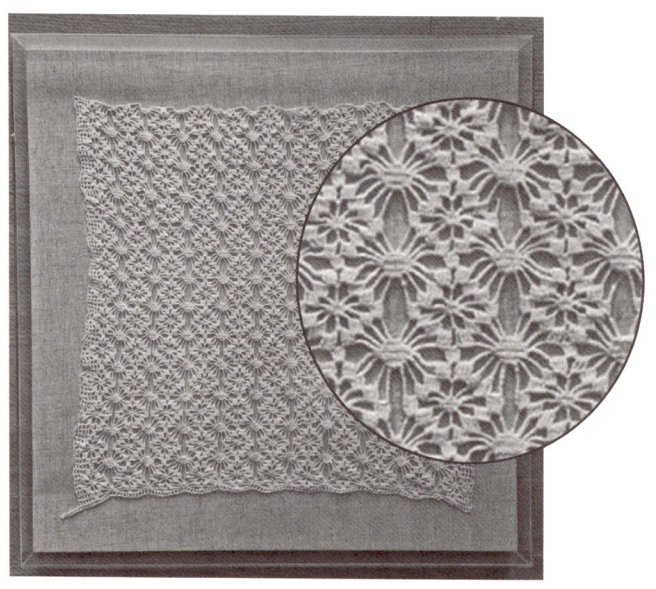

15세 때 물레질해서 짠 명주실로 수놓은 쌍벚꽃

그 당시에는 자녀가 결혼하면 부모가 각방 생활을 하는 것이 고향의 풍습이었다. 할아버지와 할머니도 각방 생활을 하셨는데 할아버지는 사랑방에서 주무시고 할머니는 작은아버지, 작은어머니 방에서 함께 주무셨다. 그러다 보니 작은아버지와 작은어머니가 얼마나 불편하셨을지 짐작이 갈 것이다.

할아버지는 자주 할머니를 향해 "저놈의 해미! 저놈의 해미!" 하시면서 시비를 걸곤 하셨는데 할머니와 함께 할아버지가 주시는 홍시를 먹으면서 할아버지가 할머니를 싫어하시지 않는다는 것을 알게 되었다.

그러던 어느 날, 할아버지께 사랑방도 넓은데 왜 할머니와 함께 주무시지 않느냐고 여쭈었더니 "글쎄 말이다… 네 할머니가 와야 말이지…"라고 말씀하시는 것이었다. 그때 할아버지가 할머니와 한 방 쓰기를 원하신다는 것을 알게 되었다. 그런 후 할머니께도 가서 "작은아버지, 작은어머니와 함께 주무시면 서로가 불편하니 할아버지 혼자 주무시는 넓은 사랑방에 가서 주무세요"라고 했더니 할머니는 좀 멋쩍으셨는지 나에게 "원수 것이! 원수 것이!" 하셨지만 역시 싫어하지 않으시는 것 같았다.

결국 할머니가 사랑방으로 가셨는데 놀랍게도 두 분이 합방하신 후에는 거의 다투지도 않으셨고 금실도 많이 좋아지셨다. 작은아버지, 작은어머니가 얼마나 좋아하셨을까? 나는 이때의 경험을 바탕으로 시집에 가서 각방을 사용하시던 시아버지, 시어머니의 합방에도 성공시킬 수 있었다.

어느 날, 아버지가 교장으로 계시던 신풍초등학교에 결혼한 젊은 선생님이 새로 부임하셨다. 그 선생님이 서울에서 사범대학을 졸업하고 지방으로 간다고 하니까 친구들이 "모두 서울로 오려고 하는데 너는 왜 시골로 가느냐?"고 물었는데 그 선생님은 "내가 외동이다 보니 형제, 자매가 없어 여동생을 만들고 싶어 지방으로 간다"고 대답했다고 한다.

선생님은 우리 학교로 발령받아 왔을 때 나에게 이런저런 심부름을 많이 시키곤 했는데 나중에 나를 여동생 삼겠다면서 나에게 오빠라 부르라고 했지만 쑥스러워서 그랬는지 나는 오빠라고 부르지 못했다. 그 선생님은 나에게 편지를 주곤 했는데 철없던 나는 편지를 꼬깃꼬깃 접어서 윗저고리에 있는 조그만 주머니에 넣어두었다.

그러던 어느 날, 주머니에 넣어두었던 편지가 방바닥에 떨어진 것도 모른 채 누워서 낮잠을 자고 있었는데 마침 아버지가 점심 식사를 하기 위해 집에 오셨다가 보게 되었다.

편지 시작 부분에 "사랑하는 분홍아…"라고 쓰여있었으니 아버지는 그게 연애편지라고 생각하셨던 것 같다. 그래서 내가 "아버지, 그런 것이 아니에요… 연애가 아니고 저를 동생 삼은 것이에요"라고 말씀드렸더니 아버지는 "그럼 왜 사랑한다고 했니?"라고 재차 물으셨고 "그건 동생이라서 그런 것이에요. 우리는 그렇지 않아요!"라고 했더니 아버지는 어디서 들으셨는지 "사랑에는 국경이 없다!"라며 나로서는 이해하지 못할 말씀을 하셨는데 결국 아버지는 그 선생님을 대구에 있는 학교로 전근을 보내버렸다.

나중에 알게 되었지만, 그 선생님은 대구로 가지 않았고 바로 서울로 올라갔다고 한다. 그런데 아버지의 마음도 이해가 되는 것이 연애편지 사건이 있기 얼마 전, 학교에서 한 선생님과 제자가 연애하여 결혼한 사건이 있었는데 그 일 때문에 많이 힘드셨다고 한다.

그로부터 40년 동안 완전히 잊어버리고 있었는데 어느 날, 남동생으로부터 한 통의 전화를 받았다. 남동생이 서울에 있는 한의원에 갔는데 그곳 한의사와 이런저런 이야기를 나누다가 우리 고향과 학교 이야기, 그리고 아버지와 내 이야기까지 진전되었고 한의사가 나를 꼭 한번 보고 싶다고 했다는 것이었다.

그 한의사를 찾아갔더니 처음에는 나를 알아보지 못했는데 진맥을 짚으면서 나를 한참 바라보더니 "네가 진짜 분홍이 맞니?"라고 하셔서 "네! 선생님, 제가 분홍이에요! 제가 위암 수술 후에 몸이 많이 수척해져서 그래요"라고 대답했더니 선생님은 계속해서 내 얼굴을 한참 동안 자세히 바라보더니 마침내 "그래! 분홍아, 이제야 네 옛 모습이 나타나는구나!" 하면서 "이것아, 그렇게 아팠으면 진작 여기 와서 약 좀 지어가지…"라고 하셨다.

그렇게 만났지만 어떻게 하다 보니 그 후로 다시 만나지 못했다. 지금 생각하면 내가 너무 무심했다는 생각이 든다. 그때 좀 더 만나서 이런저런 지나온 이야기를 나누었더라면 좋았을 텐데 하는 아쉬움이 남는다.

한번은 이승만 대통령 당시 국방부 장관이었던 현석호 씨의 바로 밑 동생의 후처 중매 자리가 들어왔는데 그 집은 아들만 7형제였다. 모두가 군인 출신으로 아버지와 7형제 모두 체격들이 커서 함께 모여 앉으면 방이 비좁다는 소문이 있었다.

현석호 국방부 장관의 아버지와 우리 할아버지는 서로 친구 사이여서 할아버지는 나를 그곳에 시집보내길 원하셨고 아버지는 후처 자리라며 반대하셨다. 나중에 초등학교 동창생이 그곳으로 시집갔다는 소식을 듣고 한번 놀러 간 적이 있었는데 친구는 3명의 가정부를 두고 풍족한 생활을 하고 있었다. 그 친구가 "분홍아, 전에 네가 여기에 중매 이야기가 있었다는 것을 남편에게서 들었다"고 말해주었다. 나는 작은어머니의 중매로 지금의 남편과 결혼하게 되었는데 우리 고향의 결혼 풍습은 남편과 시아버지가 처가에 와서 결혼식을 올린 후, 여자는 1년 동안 친정에 머물면서 살림을 배우고 시집에 가는 것이었다.

그렇게 친정집에서 결혼식을 올린 후에 시아버지와 남편이 돌아가기 전에 사랑방에서 인사를 드렸다. 나중에 두 분이 집에 돌아와서 매우 만족해 하시기에 도대체 어떻길래 그런가 하고 많이 궁금했었다며 시집에 있는 사촌 시누이가 말해주었다. 한 가지 신기한 것은 내가 결혼식에서 신랑과 대면하여 보기 전 꿈속에서 신랑을 보았는데 실제 모습과 같았다.

나처럼 부모님의 사랑을 많이 받은 사람이 또 어디 있을까 싶다. 특히 아버지는 나를 무척 사랑하셨는데 어린 나에게 농담도 많이 하시며 얼마나 다정다감하게 대해주셨는지 모른다.

가끔 술을 마시고 오실 때면 나는 그것이 싫어서 일부러 방에 들어가 자는 척했는데 그때마다 꼭 내 방에 들어오셔서 자는 척하는 나를 향해 검지를 구부리면서 "이것은 마음이 이렇게 좁아!" 하시다가 내가 기지개를 펴는 척하면 검지를 다시 피면서 "아니! 아니! 이렇게 마음이 넓어…" 하면서 농담을 하시곤 했다.

내가 결혼 후 시집으로 가기 전 일 년 동안 친정에 머물러 있을 때 남편이 나를 보기 위해 친정에 올 때면 아버지는 "분홍아, 어느 청년인지 나는 잘 알지도 모르는 청년이 나에게 와서 넙죽이 절하는데 너는 아니? 누구지? 그 청년이 누구지?" 하시면서 농담을 하시곤 했다.

고된 시집살이 10년

시집으로 출발하기 전에 친정에서는 시루떡을 해놓고 할아버지, 할머니, 부모님, 작은아버지, 작은어머니 등 온 가족이 둘러앉아 돌아가면서 한마디씩 충고를 해주셨다. 마지막으로 해주신 할아버지의 말씀이 가장 기억에 남는데 벙어리 3년, 귀머거리 3년, 앉은뱅이 3년, 석삼년을 꼭 지키라며 충고해 주셨다. 나는 마음속으로 할아버지의 말씀대로 '석삼년을 꼭 지키리라'고 다짐하면서 시집을 향해 출발했다.

시집은 경북 문경군 산양면에 있었는데 고향 예천에서 걸어가면 약 50리 정도, 걸어서 반나절 거리였다. 시부모님은 슬하에 3남 4녀를 두었고 남편은 그중 둘째 아들이었다.

막상 그곳에 도착해 보니 모든 것이 친정과 달라도 너무 달랐다. 해방을 맞이하고 얼마 되지 않았던 때라 모든 물자가 부족한 상황이었기에 더욱이 그 당시 농촌에서의 삶이란 그저 밥만 배부르게 먹을 수 있다면 더 바랄 것이 없는 빈궁함 그 자체였다.

친정에서는 아버지가 교직에 계셨기에 비누, 운동화, 의약품, 옷감 등 일상용품을 나라에서 배급받아 당연한 것처럼 사용했었는데 시집에 와서야 이런 일상용품이 사치품인 것을 알게 되었다.

시집에 오니 신혼 방을 꾸며놓았는데 종이가 귀할 때라 방바닥을 종이 장판 대신 왕골속으로 짠 자리를 사용했다. 그러다 보니 방바닥에 흙이 떨어지면 청소하기가 어려워 방바닥이 항상 흙으로 버석버석했기에 무더운 여름철에도 항상 속 치마저고리를 입은 채 잠자리에 들어야 했다. 친정에서는 방바닥을 장판으로 도배한 후 콩기름을 칠해 항상 반질반질하게 윤을 내어 사용했었다.

가장 불편한 것 중 하나는 화장실이었는데 친정에서는 남자용과 여자용을 따로 구분하여 2개를 사용했는데 시집에서는 대가족 모두가 1개의 화장실을 사용했으니 얼마나 불편했던지…. 더욱이 친정에서는 화장실에서 종이를 사용했는데 지금은 너무나 당연한 이야기 같지만 그때는 종이가 참 귀했다. 그러다 보니 화장지로 새끼줄을 사용했는데 새로 꼰 새끼줄도 귀했기에 매년 초가집 지붕을 엮었던 썩은 새끼줄을 잘라서 사용했으니 어떠했을지 상상에 맡기겠다. 그나마 시집의 생활수준은 마을에서도 어느 정도 산다고 했음에도 이 정도였으니 이것이 그 당시 우리 농촌의 실상이었다.

그러나 나를 가장 힘들고 어렵게 했던 것은 시집 식구들과의 관계였다. 이것은 그저 짧은 시간에 단순하게 해결될 문제가 아니었기에 오랜 시간 서로 부딪히면서 서로에 대해 경험하고 이해해 가면서 해결해야 할 문제였다.

이렇게 하나부터 열까지 모든 것이 다른 환경에서 지낸다고 생각하니 큰 결심이 필요했다. 그 당시 문화에서는 여자에게 이혼이라는 것은 감히 생각조차 할 수 없었기에, 더욱이 나를 지금까지 길러주신 친정 할아버지, 할머니, 그리고 부모님의 명예를 크게 손상시키는 일이었기에 '차라리 여기서 죽어서 나가리라'고 마음속으로 다짐하고 또 다짐했다. (그때는 예수님을 믿기 전이었지만 마치 성경에 나오는 에스더의 고백처럼!) 그런 결심을 하고 나니 시집 식구들이 나에게 어떤 섭섭한 말, 상처 주는 말을 해도 그렇게 고깝게 들리지도 않고 화가 나지도 않았다. 그 덕분에 둘째 며느리로 시집와서 대가족 살림을 맡아 호된 시집살이 10년을 잘 견디어 낼 수 있지 않았을까 생각한다.

나는 지금도 가끔 "그런 상황 속에 다시 처한다면 과연 견디어 낼 수 있을까?"라는 질문을 나 자신에게 던지는데 물론 나의 대답은 "노!"이다. 그때는 내가 비록 예수님을 믿지 않는 불신자였지만 그럼에도 하나님께서는 나를 불쌍히 여겨주셨음을 나중에 예수님을 믿은 후에 깨닫게 되었다.

이런 마음가짐으로 시집살이에 임했지만 때로는 너무 힘들고 지치다 보니 멀리 도망치고 싶은 마음도 간절했다. 오죽하면 대구에서 방직공장에 다니고 있는 친구에게 취직자리를 부탁했을까? 부탁한 후 아무리 기다려도 그 친구로부터 연락이 없어서 나중에 알아보니 그 친구가 자기 어머니에게 나의 취직 이야기를 했다가 "교장 선생님 딸을 방직공장에 소개했다가 나중에 무슨 소리를 들으려고 하느냐"며 심하게 꾸중을 들은 후 더 이상 알아보지 않았다고 했다.

고향 친구들과 함께, 오른쪽 첫 번째가 필자
(왼쪽 두 번째가 대구 방직공장에 다니던 친구)

우리 고향에는 딸을 시집보낸 후에 친정 부모가 시집을 방문하는 풍습이 있었는데, 친정아버지가 여름방학 때 작은아버지와 함께 시집을 방문하셨다.

  길이 멀다 보니 하룻밤 시집에서 머물게 되었는데 저녁에 집안 어른들과 함께 사랑방에 모여 얘기하다 보니 시간이 많이 늦어졌기에 집안 어른들이 한사코 하룻밤 더 주무시고 가라고 권면했지만 일정 때문에 다음날 집으로 돌아가셨다. 당신의 사랑을 받던 맏딸이 너무 다른 환경에 시집와서 고생하는 모습을 보시고 얼마나 마음이 아프셨는지 50리 길을 걸어가시는 동안 내내 손수건을 꺼내어 눈물을 닦으셨다고 한다. 그때 남편이 친정아버지를 배웅해 드렸는데 가는 동안 민망해서 혼났다며 나중에 말해주었다.

  맏며느리인 형님이 시부모님과 함께 살지 않고 점촌 시내에 나가 사셨기에 둘째 며느리인 내가 모든 집안 살림을 맡아서 했다. 친정에 있을 때는 할머니와 어머니가 모든 살림을 맡아서 하셨기에 경험도 없던 내가 대가족 살림을 맡아서 한다는 것이 얼마나 어려웠을지 짐작이 될 것이다.

  그렇지만 나를 가장 힘들게 했던 것은 다름 아닌 시어머니와 시누이들, 그리고 시동생과의 관계였다. 그중에서도 성격이 유별난 셋째 시누이는 동네에서도 이름만 대면 모두가 알 정도였다. 셋째 시누이와의 일들을 다 쓰려면 책 한 권도 부족하리라!

한번은 군대 간 남편에게 편지가 왔는데 그야말로 지극히 형식적인 안부 인사만 간단히 묻는 그런 내용이었다. 편지 한 면은 큰 글씨로 막내 시누이 안부 인사를 묻고 다른 면에는 역시 큰 글씨로 나의 안부 인사를 묻는 그런 내용이었다. 셋째 시누이는 그 편지를 들고 부엌에서 "동네 사람들, 이것 좀 보세요"라고 하면서 "부모님과 시집 식구에게는 편지 한 통 안 보내면서 계집에게만 편지한다"며 동네방네 떠들고 다녔다. 한번은 친정에서 떡을 만들어 시집에 보냈는데 동네 사람들과 함께 나누어 먹어야 하기에 많은 떡을 한정된 공간에 넣다 보니 떡이 좀 흐트러졌는데, 그 떡을 들고 사람들에게 이것 좀 보라면서 난리를 치기도 했다.

그런데 놀랍게도 이런 시누이가 시집을 간 후에 완전히 다른 사람이 되었다. 대소사 때 친정집에 오면 가장 먼저 부엌에 있는 나에게 찾아와 인사한 후에 시어머님에게 인사하러 갈 정도로 변했다. 그러면서 시집 식구들에게 "조선 하늘 밑에 우리 형님 같은 분은 없다면서 앞으로 누구든지 우리 형님을 힘들게 하지 말라!"고 당부했다. 그 후로 시어머님을 비롯해 시집 식구들 모두 나를 대하는 태도가 많이 바뀌었다.

한번은 셋째 시누이 남편인 임 서방이 와서 "처남댁이요, 철이 엄마는 처남댁에게 큰 죄를 지었다고 매일같이 얘기하는데 도대체 무슨 일이 있었습니까?"라고 하면서 몇 번이나 물어보았는데 그때마다 "글쎄 저는 잘 모르겠네요…"라고 대답했다.

신기한 것은 이렇게 나를 힘들게 했던 시누이가 잘못을 깨닫고 용서를 구하니 그동안 내 안에 있었던 모든 상처와 아픔이 눈 녹듯 다 없어졌다는 것이다. 그 후로 우리는 다정한 자매처럼 사이좋게 지내면서 서로에게 얼마나 힘이 되고 위로가 되었는지 모른다. 이 일을 통해서 '우리가 자기의 죄를 깨닫고 하나님 앞에 나아가 용서를 구할 때 하나님께서 얼마나 기뻐하실까!'라는 하나님의 마음을 미약하게나마 깨닫게 된 것 같아 참 기뻤다.

그때부터 셋째 시누이는 진주에서 남편의 큰 사업을 내조하느라 많이 바쁜 상황에서도 우리 집 대소사에는 한 번도 빠진 적이 없었다. 내 육순 잔치에 길이 머니 안 와도 괜찮다고 했음에도 "나는 무슨 일이 있어도 형님 일이면 무조건 간다"고 하면서 KTX가 없을 때인데도 진주에서 밤차를 타고 서울로 올라왔다. 정말 나에 관한 일이라면 어떤 일도 마다하지 않고 진심이었다. 내 평생에 사람이 이렇게도 변할 수가 있다는 것을 가장 극적으로 경험한 사건이었다. 안타깝게도 셋째 시누이는 이 세상을 떠났지만 지금도 많이 생각난다.

한번은 남편이 막내 시누이에게 "저 계집애가…"라고 하면서 야단친 적이 있었는데 그것을 본 시어머니가 우리 방 앞에 와서 마룻바닥을 치며 "우리 종석(남편 이름)이가 장가가기 전에는 안 그랬는데 장가간 후로 사람이 변했다"면서 난리가 났다.

　그 후, 나는 남편에게 앞으로는 어떤 일이 있어도 절대 시누이들에게 아무 소리도 하지 말라고 신신당부했다. 어떤 이유가 있든 시집 식구들에게 하는 남편의 섭섭한 말과 행동이 결국은 화살이 되어 내게로 돌아온다는 것을 알았기 때문이다. 그렇기에 나는 시집살이를 하면서 겪었던 억울함과 상처에 대해 남편과 시집 식구들 누구에게도 얘기하지 않았는데 그 이유는 문제가 해결되기보다 오히려 다툼의 불씨가 되었기 때문이다.

　어느 날, 시집살이의 스트레스 때문인지 입 주위가 노랗게 변하고 손가락 끝이 노랗게 변하면서 점점 올라오더니 젊은 나이임에도 조금만 걸으면 숨이 차올라 한참을 쉬었다 가야만 했다. 큰집 형님에게 증세를 말했더니 "자네 혹시 체달 아닌가?" 하면서 "이웃 동네에 체달 약을 잘 짓는 사장어른(육촌동서의 친정아버님)이 계시니 한번 가보게"라고 권면하기에 그곳까지 10리 길을 걸어가는데 숨이 차서 중간에 몇 번을 쉬면서 갔다.

　사장어른 집에 도착했더니 마침 사장어른이 마당에서 도리깨질을 하고 계셨다. 내가 숨이 차서 헉헉대는 모습을 한참 지켜보시더니 안타까운 마음으로 고개를 절레절레 흔들면서 "이선 체달이 아니라 애달이야!"라고 하셨다. 내가 궁금해서 애달이 무슨 병이냐고 여쭈니 "그건 마음에서 오는 병이야"라며 조그만 환으로 된 알약을 노란 봉투에 담아주셨다. 나는 그날 저녁 빨리 낫고 싶다는 마음에 약을 한 번에 많이 먹었다가 약에 취해 잠시 기절했었다. 집 안 사람들이 모여서 팔다리를 주무르고 난리가 났는데 다행히 침을 맞은 후 깨어났고 처방해 준 약을 매일 복용하면서 조금씩 회복되었다.

나는 시집 식구들에게 평생 내가 어떤 환경에서 살아왔는지, 그리고 할아버지, 할머니, 부모님과 얼마나 친밀한 관계 속에서 많은 사랑을 받고 성장했는지 나 자신에 대해 한 번도 얘기한 적이 없었기에 지금까지도 시집 식구들은 나에 대해 잘 모른다.

그러나 남편은 친정에 오가면서 친정 식구들이 어떻게 살고 있는지, 그리고 친정 부모가 나를 어떻게 대하는지를 직접 눈으로 보고 체험했기에 잘 알고 있었다. 남편이 우리 친정에 와서 잠시 머물던 적이 있었는데 그때 남편이 입버릇처럼 하던 말이 "나는 나중에 장인어른을 닮을 것이다"라고 다짐하곤 했는데 감사하게도 남편은 평생 그 약속을 지켰다. 남편은 평생 한 번도 나에게 명령조로 말한 적이 없었다. 항상 존댓말을 사용했는데 나 역시도 그랬다. 무엇을 요구할 때도 항상 "자네, 이것 좀 해주시게나!" 하는 식이었다.

우리는 부부로 살면서 한 번도 다툰 적이 없었는데 1999년 남편이 위암으로 소천하기 몇 주 전 아산병원에 갔을 때였다. 그때는 나도 위암 수술 후 몸이 연약하다 보니 항상 둘째 딸이 남편과 병원에 동행했는데 그날은 나와 함께 가기를 원했다. 하지만 내가 같이 못 갈 것 같다고 하니까 갑자기 화를 내면서 평생 처음으로 물그릇이 놓인 상을 엎은 적이 있었다. 나는 처음 보는 남편의 행동에 너무 놀랐고 한편으로는 무서웠다. 남편 자신도 자신의 행동에 놀랐는지 나에게 미안하다고 사과하면서 눈물을 흘리며 둘째 딸과 함께 병원에 갔던 적이 있었다.

이것은 시아버님에 관한 이야기이다. 한번은 시아버님이 시큰어머님(형수)께 우리 집 쌀독에 쌀이 빨리 줄어든다며 "현순 에미가 살림을 헤프게 하는 것 같다"며 불만을 토로했던 적이 있었다.

시큰어머님은 "아니 현순 에미가 하루 4끼, 5끼를 먹느냐?"고 하시면서 "그 집에 도둑이 몇 명인데 그것도 모르고 현순 에미만 뭐라고 한다"고 면박을 주니까 시아버님은 깜짝 놀라서 "아니 형수님, 도둑이라뇨! 무슨 도둑인가요?"라고 물으니 "어휴, 저렇게도 모르고 있으니! 어이쿠… 답답해!"라고 말씀하신 후에야 비로소 시아버님은 온 식구들이 쌀을 퍼낸다는 것을 알게 된 것이다.

특히 쌀독의 폭이 가장 넓은 부분에 이르면 모든 식구들이 쌀을 마구 퍼내기 시작하는데 웬만큼 퍼내도 표시가 잘 나지 않기 때문이다.

시어머니부터 시작해서 시누이들, 시동생 모두가 쌀을 퍼낸 후 다른 곳에 보관하여 두었다가 장날이 되면 장에 갖고 가서 필요한 물품과 교환했는데 그 당시 농촌에서는 쌀이 곧 돈이었기 때문이다.

  나는 이런 사정을 다 알고 있었지만 누구에게도 더욱이 시아버님에게 고자질할 수 없었는데 고맙게도 시큰어머님께서 나에 대한 오해를 풀어주셨다. 지금도 생각하면 시큰어머님께서 어떻게 이런 사정을 다 알고 계셨을까? 궁금할 따름이다.

  시아버님은 얼마나 알뜰하신지 매일 소 여물통에 손을 넣어서 밥알이 하나라도 발견되면 낭비한다며 집안이 난리가 났다. 대가족 살림을 하는데 어떻게 소 여물통에 밥 한 톨이 없을 수 있겠는가? 그렇게 모든 것을 아끼고 절약하는 것이 몸에 밴 분이었지만 교육에는 관심이 많으셔서 논 2마지기를 팔아 시숙을 중학교까지 졸업시켰고 큰집 큰조카까지 논 2마지기를 팔아 공부시켰을 정도로 교육에는 열심이셨다. 지금도 쉽지 않지만 그때는 당장 먹고 사는 것이 우선이었기에 조금이라도 돈이 생기면 무조건 논밭을 사는 것이 그 당시 사람들의 생각이었다. 그러니 논밭을 팔아 자녀를, 그리고 조카까지 교육시킨다는 것은 그야말로 큰 결단과 용기가 필요한 일이었다.

  한번은 셋째 시누이가 중학교에 진학하고 싶은데 시아버님이 보내주지 않겠다고 하니 내게 와서 시아버님에게 새언니가 길쌈을 해서 나를 공부시켜 주겠다고 얘기해 달라며 통사정을 했다.

그것을 어떻게 아셨는지 하루는 시큰어머님이 오셔서 "그래! 네가 길쌈을 해서 시누이를 공부시킨다고 했다는데 네가 과연 할 수 있느냐?"며 다그치시는데 나도 할 수 없다는 것을 알았기에 아무런 대답도 할 수 없었다. 이렇게 시집 식구들은 시아버님에게 말하기 어려운 것을 나에게 가져와서 말씀드려 달라고 부탁을 하곤 했는데 그나마 시아버님은 내가 말씀드리면 비교적 잘 들어주셨기 때문이었다.

그 당시 형님댁은 점촌 시내에 나가서 따로 살았는데 시숙은 문경군청에 다니고 있었다. 어느 날, 시숙이 축구를 하다가 허리를 다치면서 직장을 그만두게 되었고, 그러다 보니 시아버님이 형님댁에 매번 필요한 양식을 갖다 주었다. 그때도 시아버님이 쌀 2가마를 소에 싣고 막 떠나려고 하시다가 '내가 언제까지 장성한 아들에게 양식을 갖다 주어야 하는가?' 등 여러 생각으로 화가 나셨던 것 같다.

그래서 시아버님에게 "아버님, 가만히 생각해 보세요! 이것은 오히려 아버님보다 둘째 며느리인 제가 더 화를 내야 할 상황이 아닌가요? 농사철이 되어도 한번 와서 도와주지도 않는데 계속해서 양식을 갖다 준다면 제 마음은 어떻겠어요?"라고 말씀드렸더니 시아버님은 가만히 듣고 계시다가 "그래! 현순 에미야, 네 말이 맞다. 내가 너에게는 할 말이 없구나!" 하시면서 화를 가라앉히고 출발하셨다.

마음을 단단히 먹고 시작한 시집살이였지만 너무 힘들고 고달프다 보니 한번은 차라리 죽는 것이 낫겠다고 생각했었다. 그동안 같은 동네에 사는 육촌 시숙에게 가서 조금씩 모아놓은 독한 알약을 준비해 놓고 남편이 잠들기만 기다렸다. 남편이 잠든 것을 확인한 후에 조용히 일어나서 조그만 알약을 한 움큼 집어 입에 넣은 다음 물사발을 들고 입에 대려는 순간, 남편이 언제 일어났는지 물사발을 빼앗고 동시에 내 뺨 양쪽을 양손으로 꽉 누르는데 도대체 입을 다물 수가 없었다. 남편은 이렇게 입을 꼼짝 못 하게 만든 후 입안에 있는 모든 알약을 혀로 다 핥아내었다. 남편이 잠든 것을 분명히 확인했었는데 어떻게 알고 그렇게 빨리 행동했는지 지금 생각해 봐도 이해가 되지 않는다.

　이 사건 후 얼마 되지 않아 남편이 군대에 갔으니 그 마음이 얼마나 불안했을지 짐작이 될 것이다. 6.25 전쟁이 치열하던 시절 남편은 군 복무 3년간을 거의 매주 쉬지 않고 편지를 보냈는데 내가 답장을 하지 않으면 불안해서 난리가 날 정도였다.

군대에서 휴가 나와 동료들과(뒷줄 가운데가 남편)

　남편은 이웃 동네에 휴가 나오는 동료가 있으면 꼭 우리 집에 가서 아내의 안부를 확인해 달라는 부탁을 잊지 않았다. 지금처럼 사진이라도 쉽게 찍을 수 있다면 좋으련만 시집살이를 하는 나에게는 편지에 답장하는 것도 여간 큰일이 아니었다. 남편은 시집 식구들에게는 큰 글씨로 인사차 간단히 몇 자 적어 보냈고 나에게 보내는 편지는 시집 식구들의 눈치 때문에 직접 보내지 못하고 큰집 큰조카를 통해 보냈다. 큰집 큰조카는 편지를 갖고 우리 집에 와서 시집 식구들이 있으면 전해주지도 못하고 집 주위를 빙빙 돌다가 내가 혼자 있을 때 얼른 전해주고 돌아가곤 했는데 이것 때문에 큰조카가 마음고생이 많았다.

편지를 받는 것도 어려웠지만 편지를 읽는 것 또한 쉽지 않았다. 당연히 아무도 없는 곳에서 편지를 읽어야만 했는데 혹시라도 내가 편지 읽은 것을 보면 소문이 금방 퍼지기 때문이었다. 편지를 몰래 읽다가 혹시라도 인기척이 나면 얼마나 놀랐는지 모른다.

그러나 가장 힘든 것은 편지를 쓰는 일이었다. 나무가 귀하던 때라 나무를 해오려면 30리 길을 가야 했기에 남편이 군대 간 후부터 시어머님과 시누이 3명을 포함, 나까지 5명이 한방에서 잠을 잤는데 모두가 한 이불을 사용했다. 그러다 보니 편지를 쓰려면 모두가 잠들기를 기다렸다가 몰래 이불을 뒤집어쓰고 그 안에서 호롱불을 켜고 편지를 써야만 했다. 혹시 누가 잠꼬대라도 하면 즉시 불을 끄고 중단했다가 다시 쓰다 보니 편지 한 통 쓰는데 3~4일이 걸렸다.

이렇게 편지를 쓰는 것이 가장 힘들었지만 받은 편지가 점점 쌓여가다 보니 보관하는 것도 큰일이었다. 시집 식구들에게 발각되면 난리가 났기에 친정에 갈 때면 수십 통의 편지를 가지고 갔다가 돌아올 때는 다시 가지고 오기를 수차례 반복하다가 결국은 감당할 수가 없어 편지 몇 통만 간직하고 다 태워버렸다.

친정에 가면 아버지가 편지 보내는 데 사용하라며 우표 살 용돈을 주곤 하셨는데 더 놀라운 것은 시큰어머님께서 어떻게 아셨는지 편지 부치는 데 사용하라면서 용돈을 주셨다. 참으로 생각이 깊고 지혜로우신 분이시다!

나는 남편이 군대에 가있는 동안 매일 새벽, 하루도 빠지지 않고 가까운 우물에 가서 정화수를 떠놓고 남편의 무사 귀환을 빌었다. 정화수를 뜰 때면 혹시 누구라도 먼저 물을 길은 흔적이 있으면 다른 우물에 가서 정화수를 떠오곤 했다. 그때는 가끔 동네에 늑대가 나타나서 돼지 새끼를 물어가는 사건이 발생했는데 그렇게 겁 많던 내가 어떻게 그런 무서움을 이기고 했는지 지금도 생각하면 신기할 뿐이다.

그래서인지 남편이 군대에 있을 때 한번은 고지에서 싸우고 있는 병사들의 보급품을 갖고 진지로 올라가는데 북한군이 던진 수류탄이 바로 옆에 떨어져서 "이제는 꼼짝없이 죽었구나…"라고 생각하며 엎드려 있었는데 한참이 지나도 수류탄 터지는 소리가 나지 않아서 주위를 가만히 둘러보니 수류탄이 불발이 되었다고 했다.

또 한번은 고지에서 부상당한 병사를 어깨동무하고 내려오는데 북한군이 쏜 총알에 부상당한 병사가 다시 맞는 일도 있었다고 한다.

그때가 6.25 전쟁 막바지여서 1개 소대를 올려보내면 그날 저녁에 살아남은 사람이 한 명도 없을 정도로 치열했기에 매일같이 전사자 통보가 날아왔다. 그러면 마을마다 사람들이 모여서 전사자 소식에 온 동네가 슬픔에 잠기곤 했다.

나는 그때 친정에 가있었는데 어느 날, 아버지가 조용히 혼자 목소리로 "전쟁이 이렇게 심한데 김 서방은 좀 어떤가!"라며 속으로 말씀하시는데 그것이 내 귀에 갑자기 크게 들려왔다. 그 소리를 들으니 당장 시집에 가보아야 할 것 같다는 생각이 들어 아버지께 시집에 가겠다고 했더니 "네가 지금 간다고 해도 네가 할 것이 무엇이 있겠니?" 하시면서 말렸지만 그래도 왠지 가봐야 할 것 같은 생각이 들어 시집에 갔더니 집에 아무도 없었다. 나중에 알고 보니 시집 식구들 모두 큰집에 모여서 남편의 안부를 걱정하고 있었다.

그런데 내가 시집에 도착한 지 얼마 되지 않아 우체부가 "편지요!" 하면서 남편의 편지를 던져주고 가는 것이 아닌가! 나는 곧바로 큰집에 가서 모두가 함께 있는 자리에서 편지를 뜯었는데 다행히 남편이 무사하다는 내용이었다. 모두가 얼마나 반가워했는지 집안 어른들이 "네가 기쁜 소식을 갖고 왔구나"라며 "어떻게 네 남편이 네가 온 것을 알았나 보다" 하면서 기뻐하셨다.

남편이 군대에서 보낸 편지

그리운 室人께로

당신과 작별한지는 10여 일 지났지만 아마 몇 달이 지난 것 같습니다. 근일 계속되었던 장마에 오직 괴로움이 많았을까요. 연이나(이어서) 당신과 작별한 후 室人께옵서 玉体 안녕하시옵나이까. 그리고 당신이 고생하던 것을 생각하니 금일까지 마음 놓지 못하나이다. 말씀이 늦었지만 부모 내외분 존체 강령하시오며 여전히 별고 없사옵나이까. 이 몸은 그대께서 염려하여 주셔서 무사히 부대에 도착하여 신선한 군 복무를 계속하고 있습니다.

저에 대한 염려는 일각도 생각지 마옵소서. 오늘도 점심을 마치고 책상을 의지하고 앉아있으니 마치 독신생활을 하고 있는 것 같습니다. 심심하여서 그대에게 안부나 전하며 그대여 안녕하시기를 부탁하는 바올시다. 물론 그대께서는 괴로움이 오직 많을까마는 내 집안을 조력하여 주소서. 또 여기에 오니 내 있는 이곳이 좋고 후방에 가보아도 마음만 혼동될 것 같습니다.

축동(처갓집 동네이름)에서 미안지사 내 잘못이고 항상 마음을 넓게 지내어 태평하게 보내주옵소서. 저가 집에서 부대에 돌아오니 모두 부대에 있을 때보다 못하다고 놀렸어요. 여기에서 지내보니 정말 재미도 있고 가만히 앉았으니 태평세월이올시다. 모쪼록 그대나 기리 몸조심하여 주소서. 항상 나는 기다리나이다. 그리고 할 일 다 마치고 놀이도 하여 보면서 아버님과 상담하면서 안락한 분위기에서 지나오면 이후 더 태평이 없겠습니다.

그리고 말라리아약은 계속하여 먹으시오. 그리고 지금 여기서는 제대하는 사람이 허다하나 아직 저는 지나야 될 것 같아 좀 더 기다려 보겠습니다. 그리고 이 서방 주소를 알거든 좀 알려주소서. 또 처삼촌댁 주소도 잊었는데 편지를 할라도 못하고 있지요. 그리고 감천장인 아직 그대로 있겠지요. 만일 어디고 전근되면 좀 알려주소서.

그리고 농촌에서 자란 내 원망하면서 안락한 생활에 노력하여 봅시다. 수다한 말 이만 그치고 그대의 건강을 비옵나이다.

단기 4287. 7. 3 완규 서

남편이 군대에서 보낸 편지

室人에게

오랫동안 소식 없다가 情书가 닥쳐오니 반가운 마음 恨이 없습니다. 나도 일찍이 편지할라 하였는데 편지를 너무 자주 하는 것 같아서 이제 필을 더는 중이올시다. 당신이 음력 8월 28일 부친 답장을 그 즉시 써놓고 부치지도 않고 부쳤다 생각하고서 수일 후에 보니 책 사이에 남아있더군요. 그래서 내내 편지 않하였지요. 미안하나이다. 그러나 또 답 오기만 기다렸지요. 그러자 22일 날 쓴 편지가 6일 만에 왔더군요. 그리고 사진도 잘 받았어요. 사진이라도 보니 내 마음이 위로되나이다. 무엇보다 당신의 옥체 여전 무고하다니 기다리던 중 제일 반갑습니다.

그리고 말씀이 늦었지만은 종하씨 자 동훈씨도 여전히 무사합디까. 연이나(이어서) 미안합니다. 나중에 상봉 시에 꾸짖어 주소서. 그리고 그대를 부모님 집에 다녀오라고 하였다니 기쁩니다. 내가 올 적에 명주 짜고 또 삼베를 다 짰다니 저도 좋지요만은 부모님께서는 오죽이나 좋아하셨을까. 나는 요사이도 사시절을 모르고 매일 노는 것을 일삼고 있으니 편하기는 하나마 공상이 생기고 그대만 그리워요. 어떨 적에는 당신과 나와 교대적으로 부대 생활을 하였으면 좋겠어요. 그러면 상봉해서 이야기하고 그대도 재미나는 이야기 하여준다니 나는 기대하면서 상봉의 날을 재촉하나이다. 만일 재미나는 이야기 아니하면은 몽꾸(놀리는 말)가 많을 터이니 그리 아시오.

나는 당신의 편지를 보고 웃기도 하고 더욱 그대를 만나고 싶어요. 연이나 처숙부님이 집을 다녀갔다니 좋습니다. 나도 이제 주소를 받고 곧 편지하였어요. 그리고 이 서방한테 답장을 하였어요. 그러나 그 사람은 너무 문장이라 모두 해석을 못 하고 말았어요. 감천으로도 또 편지하여 주었어요. 연이나 빙부님 빙모님 연전 대안하시며 어린것도 충실합디까. 그러나저러나 우리가 우시게(농담)만 하여도 청춘을 모르고 지나니 세월이 한탄이 되나이다. 빨리 상봉하여 신 가정을 이루어 봅시다.

군에서 는다는 것은 담배와 욕뿐이고 당신도 불쌍하나이다. 지금에 후방은 나이롱 기지 아니면 상대를 않한다는데 당신도 매사를 연구하여 보시오. 연이나 농촌에서 지나며 화목하게 행복에 그날을 재촉합시다. 그러면 노래 하나 전하니 불러보시오.

'마음에 아롱새긴 내 남편이라면 그대는 잊지 못할 동백꽃 하나 실버들 버들가에 굿세게 살자 맹세하든 그날 밤이 그리워지노라' 이후 모르면 다음에 알려주리라. 너무나 난필로 기록하나마 잘 보고 추위가 닥쳐오니 항상 옥체 조심하며 봉양하여 주옵소서. 안녕히 상봉합시다.

                                    단기 4287. 10. 28 완규 서

눌 Y에게

나도 모르게 써라린 심정을 참지 못하며 家후 각별한 이몸은 4일없이
떠나와 잘없이 집까지 도착하며 김에서 놀다가 11日 가까스로
집훈로 떠나 12시에 무사히 부대까지 도착하였읍니다 부대에 돼
着하니 모든것이 如前하고 아무 일없었지요 부대 돼 돟찬 이몸은
비前히 軍服裝에 자꾸 나게 이야기도 주고 받고, 지내 몸이 바
로꼭 봄며 마음껏, 외경히 자미나게 놀다가 다시 만나기를
부탁하나니다 더구나 오래동안 친가에 가지 못하며 마시 저맣찬
것이 우리과 였지요. 이해하고, 마음껏 놀다가 놀아오기를 기원하나이에
그치자꾸 놀로 같수있을가요 나도 당신의 부탁과 같이 부모님이
주신 지하록 가려하시 검루 써는 중이 그대 너무 맺며 다시 습기
반 받으며 그대의 초대 눈病 하기만 언제나 부택하눟 바이이 주시만
언제나 다시 만나 幸福이라는 二字을 잊지 마음시다 그리고
척임 있 무하지로. 그르면 그머의 눈病와 향학 후육 원하며서
잘말씀 다 못하고, 갈흑 우리나이때 자미나게 놀가 후가록
부탁하며 바쁨으로 물이내입니다?

6208. 6. 15 夫

남편이 군대에서 보낸 편지

室人에게

나도 모르게 쓰라린 심정을 잡지 못하며 室人을 작별한 이 몸은 사정없이 떠나와 힘없이 집까지 도착하여 집에서 놀다가 11일 막차로 점촌을 떠나 12일에 무사히 부대까지 도착하였습니다. 부대에 도착하니 모든 것이 여전하고 아무 탈 없었지요. 부대에 도착한 이 몸은 여전히 군 복무에 재미나게 이야기도 주고받고 지내옵니다. 모쪼록 염려 마옵고 태평히 재미나게 놀다가 다시 만나기를 부탁하나이다.

더구나 오랫동안 친가에 가지 못하였다니 저 말한 것이 무리하였지요. 이해하고 마음껏 놀다가 돌아오기를 기원하나이다. 그리 자주 놀러 갈 수 있을까요. 나도 당신의 부탁과 같이 부모님이 주신 지화를 가져와서 힘을 쓰는 중이오니 너무 염려 마시옵기만 바라며 그대의 옥체 안녕하기만 언제나 부탁하는 바이올시다. 언제나 다시 만나 행복이라는 두 자를 잊지 맙시다. 그리고 책임이 중하지요.

그러면 그대의 안녕과 향락을 촉원하면서 할 말을 다 못하고 필을 줄이나이다. 재미나게 놀아주기를 부탁하며 나중에 또 들이나이다. (편지하리이다.)

단기 4288. 5.15 완규 서

남편이 군대 간 다음 해였던 것으로 기억된다. 그해에 얼마나 큰 가뭄이 들었는지 논이 바싹 말라 모를 심을 수 없을 정도였다. 오죽하면 시집에 있는 식구들의 입을 줄이기 위해 나도 친정에 가서 몇 개월을 머물다 왔을 정도였다.

우리 시집 옆에 시삼촌댁은 우리보다 살림이 더 어려운 형편이라 이런 상황을 견디기가 더욱 힘들었다. 시삼촌은 매일 지게를 지고 온 산을 다니면서 쑥을 한 짐 해오는데 거기에 쌀 한 줌을 넣고 끓여서 온 식구가 하루 끼니를 해결했으니 참으로 빈궁했던 시절이었다.

나는 그때 처음으로 쑥은 아무리 많이 먹어도 탈이 나지 않는다는 것을 알게 되었다. 남편이 군대 가고 없을 때라 시아버님이 나를 친정까지 데려다주셨는데 버선에 고무신을 신고 50리 길을 걷다 보니 발톱이 모두 빠져서 한동안 고생했었다.

그때 사촌 시누이가 하도 밥을 먹고 싶어 해서 친정에 따라 왔는데 도착하자마자 쌀과 보리를 반씩 섞어 일꾼들에게 밥을 퍼주듯 그릇 위로 수북이 올려서 주었는데 얼마나 배가 고팠으면 그 많은 밥을 다 먹었다.

그다음 날, 사촌 시누이는 시어머니 생신 때문에 다시 시집으로 돌아가야 했는데 아침 식사를 하면서 이세야 눈이 뜨인다면서 "형님은 좋겠어요…"라고 말하며 못내 아쉬워하던 그 눈길이 아직도 생생하다. 밥 2끼를 먹기 위해서 왕복 100리 길을 걸은 것이다.

그때 친정 할머니께서 귀한 손님이 오셨다고 시아버님에게 집에서 청포묵을 만들어 드렸는데 얼마나 맛있게 드셨는지 "현순 에미야, 이게 뭔데 이렇게 맛있니? 이런 것은 처음 먹어본다"고 말씀하시던 것이 눈에 선하다.

시집살이 중에 유일한 낙은 모든 농사를 다 끝낸 후 한 달 동안 친정에 다녀오는 것이었는데 내가 친정에 가면 아버지는 가장 먼저 학교 소사를 시켜 목욕물을 덥히라고 하셨다. 시집가기 전에는 자주 목욕을 했지만 시집에서는 일 년 동안 목욕 한번 제대로 하지 못하다가 친정에 와서야 할 수 있었다.

한번은 아버지가 내 무릎을 보시면서 "분홍아, 네 무릎에 때가 있구나"라고 말씀하셨는데 자존심은 있어서 얼마나 부끄러웠는지 모른다. 목욕을 하고 나면 그때부터는 아무것도 하지 않고 그저 자고 싶으면 자다가 깨우면 일어나서 밥 먹고 또 자다가 일어나서 밥 먹고 마치 남자들이 군대 생활하다가 휴가 나왔을 때처럼 그렇게 한 달을 지내다 돌아왔다.

시집에 와보니 시부모님 역시 각방을 쓰고 계셨다. 시누이들에게 내가 시부모님을 합방하시도록 할 테니 두고 보라고 하니까 시누이들이 콧방귀를 뀌면서 만약 그렇게 된다면 "내 손에 장을 지지겠다"고 했다. 나는 시집오기 전에도 친정 할아버지, 할머니를 합방시킨 경험이 있었기에 자신이 있었다.

시부모님은 서로 자주 다투시는 편이었는데 어떨 때 시아버님이 많이 화가 나시면 긴 담뱃대로 시어머님의 머리를 톡톡 치기도 하셨다. 사랑방은 시아버님과 시동생이 함께 사용했고, 안방에는 시어머님과 시누이를 포함해 나까지 5명이 함께 사용하다 보니 불편한 것이 많았다.

그래서 시아버님에게 가서 "아버님, 앞으로는 시어머님과 함께 주무시면 좋겠어요! 안방에 시어머님까지 와서 주무시니 저희가 얼마나 불편한지 모르겠어요!"라고 말씀드렸더니 시아버님이 "글쎄 말이다! 이 넓은 곳을 놔두고 왜 너희를 불편하게 하는지 모르겠구나!"라고 하시면서 은근히 좋아하셨다.

그래서 시어머님에게도 "어머님, 안방에서 이렇게 여러 명이 자다 보니 이불도 부족하고 서로 불편한데 사랑방 넓은 곳에 가서 아버님과 함께 주무시는 것이 좋을 것 같아요"라고 말씀드렸더니 조금 멋쩍어하시면서 "원수 것이! 원수 것이!" 하시는데 역시 싫어하시는 눈치가 아니었다.

사랑방에 가시라고 시어머님에게 떼를 쓰다가 안 되면 시아버님에게 가서 많이 불편하다고 일렀고, 시아버님은 시어머님을 야단치셨는데 시어머님은 별로 기분 나빠하지 않으셨다.

그러면서 마침내 두 분이 합방하셨는데 그 후로는 서로 다투시는 일도 많이 줄었고 두 분의 금실도 많이 좋아지셨다. 나중에 시아버님이 서울에 오셨을 때 시어머님에게 선물하신다면서 중고 핸드백을 사서 갖고 가실 정도였다.

　우리 시집 식구들은 모두 불교를 믿었지만 그렇게 열심이 있는 편은 아니었다. 큰집 둘째 사촌 형님만 예수님을 믿었는데 집안 어른들이 그 형님이 젊은 나이에 과부가 되었기에 뭔가 마음의 위로받는 것이 필요하다고 생각해서 특별히 예수님을 믿도록 허락해 주었다고 한다. 그 당시에는 예수님을 믿는다고 하면 핍박이 심했는데 시집에 있는 친척 중 한 가정이 예수님을 믿는다고 해서 큰집 시숙이 그 집 방바닥을 파내었던 사건이 있었다.
　결국 한 가정은 고향을 떠나 서울로 올라갔고 한 형제는 미국으로 가서 회계사가 되어 자리를 잡은 후 형제들을 모두 미국으로 초청해 지금은 안정된 신앙생활을 하고 있다.

　한번은 제사를 지내며 신기한 경험을 했다. 명절이나 제사 때는 모두가 음식을 준비하느라 정신없이 바빴는데 큰집 둘째 사촌 형님만 아무것도 하지 않고 홀로 방에서 성경을 읽고 있었다. 그 이유를 잠시 나누려고 한다.
　시큰어머님은 항상 제사를 지낸 후에 운감(제사 때에 차려놓은 음식을 귀신이 맛봄) 여부를 확인하셨다. 그날도 제사를 다 마치고 시큰어머님이 운감 여부를 확인하시더니 갑자기 안색이 안 좋아지면서 "오늘 제사 헛 지냈다!"고 하시며 오늘 누가 제삿밥을 담았느냐고 물어보시길래 "원래 사촌 큰형님이 밥을 푸시는데 잠깐 일이 생겨서 둘째 사촌 형님이 대신 밥을 담았다"고 말씀드렸더니 앞으로 둘째 사촌 형님은 어떤 제사에도 참여하지 말라는 엄명이 내려졌다.

나는 운감 여부를 어떻게 확인하는지 궁금해서 시큰어머님에게 여쭈었더니 제사상을 차릴 때 사용하는 입구가 좁고 중간이 볼록한 옥바리 놋그릇에 제삿밥을 담고 제사를 지낸 후에 밥그릇을 거꾸로 엎어서 밥이 빠져나온 상태를 보고 운감 여부를 확인한다고 하셨다.

그때 밥이 통째로 한 덩어리가 되어 빠지면(그릇 입구가 좁고 중간이 더 넓기에 밥이 통째로 나오기가 어려운 구조다) 제사를 헛되이 지낸 것이고 밥이 위, 아래 두 부분으로 나누어져 나오면 귀신이 운감한 것이라고 하셨다.

나중에 둘째 사촌 형님에게 조용히 찾아가 어떻게 된 일이냐고 물어보니 모든 제사음식(밥이나 국)을 담기 전에 십자가를 표시했노라고 말해주었다. 나에게는 신기한 경험이었고 그때 나도 처음 예수님을 믿고 싶다는 생각을 품게 되었다.

그런데 놀라운 것은 내가 서울에 올라와서 예수님을 믿게 된 후 시큰어머님에게 복음을 전했는데 이렇게 평생 제사에만 열심이셨던 분이 예수님을 영접하신 후 얼마나 신앙생활에 진심이셨는지 모른다. 어느 날, 시큰어머님이 대낮에 마루에 앉아 성경을 읽고 계셨는데 얼마나 성경을 집중해서 읽었는지 도둑이 들어와서 광에 있는 보리쌀을 다 훔쳐가는 것도 모르셨다고 했다.

서울에 올라오던 해에는 몸이 많이 아파서 거의 한 달 동안 밥을 제대로 먹지 못하고 누워있었다. 시집에는 과수원이 없다 보니 과일이 참 귀했는데 시어머님이 어디서 구하셨는지 조그만 수박을 반으로 잘라 먹으라며 방에 놓고 가셨다.

나는 과일을 무척 좋아했는데 시집에 와서는 거의 과일 구경을 못 하다가 수박을 보는 순간 정신이 번쩍 나서 빈속에 허겁지겁 먹다 급체한 후 기절했다. 시집 식구들이 모인 가운데 7촌 아저씨가 침을 놓는데 어떤 곳을 찔러도 반응이 없어 마지막 한군데만 남았는데 그것이 오른쪽 엄지발가락이었다. 만약 여기를 찔러도 아무런 반응이 없으면 희망이 없기에 잠시 망설이고 있었는데 그래도 모두가 침을 놓아야 하지 않겠느냐고 설득해서 마지막 침을 놓았는데 그때 내가 "아야!" 하면서 반응을 보였다고 한다.

그런 후에 시큰어머님이 북어를 넣고 미역죽을 만들어 오셔서 "이것은 아무도 손대지 말고 현순 에미만 주도록 하거라!"고 지시하셨다고 한다. 다행히 시큰어머님이 만들어 주신 황태미역죽을 맛있게 먹고 기력을 회복할 수 있었다.

시아버님 환갑잔치에서
(맨 앞줄 좌측부터 시고모님, 시숙모님, 시큰어머님, 시어머님, 시아버님, 시큰아버님, 시숙부님, 시숙)

시부모님(시아버님 환갑잔치에서)

이렇게 시집살이 10년이 다 되어갈 무렵, 남편은 서울행을 결심하고 잘 다니던 면사무소에 갑자기 사표를 냈다. 그때는 간첩이 많을 때라 수상히 여긴 면사무소에서 남편에 대한 신원조회까지 나왔었다. 남편이 서울행을 결심한 이유는 나에게 시집살이를 계속시켰다가는 내 명대로 못살 것 같아 그랬다는 것을 나중에 육촌동서를 통해서 알게 되었다.

어느 날, 서울에서 집안 계모임에 갔을 때 육촌동서가 나를 조용히 부르더니 남편이 서울로 가기 전에 본인을 찾아와서 "아지매, 나는 이제 서울로 올라가렵니다! 여기에 계속 있다가는 아내가 도저히 제 명대로 못살 것 같아요"라고 말했노라며 나에게 알려주었다. 남편은 이렇게 나를 시집에 남겨둔 채 서울로 상경해서 1년 만에 전세방 한 칸을 마련한 후에 시동생을 시켜 나를 데리러 왔다.

나는 이런 남편의 마음도 모르고 서울로 올라가지 않겠다고 계속 고집을 부리고 있으니까 하루는 시아버님이 나를 부르시더니 "현순에미야, 남편 따라 서울로 가거라! 혹시라도 갔다가 살기 힘들면 언제든지 다시 오면 되지 않겠니? 그러니 걱정하지 말고 애비 따라 올라가거라. 여기에 집이 없냐! 땅이 없냐!" 하시며 나를 설득하셨다.

돌이켜 보면 그때 내가 왜 그랬는지 나도 모르겠지만 남편의 판단이 옳았던 것 같다. 마침내 완행버스를 타고 10시간 만에 서울에 도착했다.

2부

예수님을 만난 후

내 인생을 바꾼 서울 상경

　마침내 서울에 도착해 보니 한 집에 여러 가정이 함께 세 들어 살고 있었는데 남편도 전세방 한 개를 얻어놓고 우리를 기다리고 있었다. 처음으로 남의 집에 세를 얻어 산다고 생각하니 왠지 좀 부끄러운 마음이 들어 거의 방 안에만 머물러 있거나 아이를 데리고 시고모님 댁에 가서 시간을 많이 보냈다.
　그 당시 전셋집에는 우물만 있었고 수도가 없었기에 수도가 있는 시고모님 댁에 가서 빨래도 하고 일도 도와주면서 지냈다. 하루는 주인집 할머니가 와서 "현순 엄마, 서울에서는 대부분 전세를 얻어 같이 사니까 부끄러워할 필요가 없다"고 하면서 주인집 마루에도 와서 함께 편안하게 이야기도 하면서 지내라고 권면했다.

　그때는 직장 구하는 것이 어려울 때라 남편은 고모 댁에 머무르며 이것저것 닥치는 대로 일을 했다. 처음에는 리어카도 끌어보고 무엇이든지 할 수 있는 일은 다 해본 것 같다. 그러다 최종 정착한 것이 구청 앞에서 대서 업무를 해주는 일이었는데 처음에는 사무실도 없이 노점에서 일하다가 나중에 종로구청 바로 옆 건물에 대서소 사무실을 열게 되면서 수입도 늘어났고 생활도 점차 안정화되어 갔다.

서울에 올라와 남편과 함께 살다 보니 시집살이를 벗어나 가족끼리 산다는 것만으로도 너무 좋았다. 오랜 기간의 속박에서 벗어나 자유를 누리게 되는 기쁨이란 마치 노예 생활에서 풀려나 자유의 몸이 된 것 같은 느낌이라고 해야 할까… 나는 지금도 남편이 나를 서울로 올라오라고 했을 때 왜 가지 않겠다고 고집을 부렸는지 이해가 되지 않는다. 나에게 간섭하는 사람도 없었고, 내가 눈치를 봐야 할 사람도 없었고, 그저 내가 해야 할 일만 하면 되었던 것이다. 지금까지 '나'라는 존재를 까맣게 잊고 지내다 이제야 겨우 나 자신을 되돌아볼 수 있는 시간을 갖게 된 것이다.

지난 10년간의 시집살이를 곰곰이 회상하면서 내가 어떻게 그 힘든 세월을 견디어 낼 수 있었는지 생각하다 보면 나도 모르게 눈물이 하염없이 흘러내렸다. 그렇게 몇 번을 혼자서 울다가 한번은 남편에게 들킨 적이 있었는데 내가 황급히 눈물을 닦으려고 하니까 남편은 내 손을 잡으며 "그러지 말게. 내가 자네 마음을 다 아네…" 하면서 그 눈물 속에 담겨있는 아픔과 서러움을 남편도 알았기에 함께 울었다. 나도 시집살이를 하면서 많이 힘들었지만 그것을 지켜보면서 아무 말도 할 수 없었던 남편 또한 얼마나 마음 앓이를 했을지 생각하면 서로가 마음고생을 많이 했던 것 같다. 남편은 내가 지난 10년간 둘째 며느리로서 시부모님을 어떻게 모셨는지, 그리고 유별난 시누이들과 시동생을 얼마나 인내로 대했는지 가장 가까운 곳에서 지켜본 증인이기도 했다.

서울에 오자마자 시집살이의 긴장이 풀려서 그런지 몸이 아프기 시작했고 오랜 기간 회복되지 않아 자리에 누워있었던 적이 많았다. 남편이 퇴근해서 집에 돌아올 때면 늘 한쪽 손에는 한약이 들려있었고, 자녀들의 소풍 날에는 나 대신 여동생이 항상 따라갔기에 아이들 소풍 사진에는 항상 여동생이 있었다.

특히 뇌의 반쪽 부분 두통이 심해 안수기도를 받으려고 현신애, 변계단 권사님 제단에 매일 3명의 자녀를 데리고 다녔는데, 갈 때는 용두동에서 전차를 타고 종로에서 내려 을지로까지 걸어갔다가 돌아올 때는 차비를 아끼려고 집까지 걸어왔다. 이렇게 열심히 5년을 다녔지만 두통이 호전되기는 했어도 완전히 치유되지는 않았다.

그러나 하나님께서는 시집살이로 인해 생겼던 모든 질병을 하나씩 하나씩 치료해 주셨다. 신기한 것은 언제 나았는지도 모르게 어느 순간 이미 치료되었다는 것을 알고 깜짝 놀라는 하나님의 치유의 능력을 체험하게 되었다.

나는 가끔 서울로 오지 않고 농촌에서 계속 살았더라면 어떻게 되었을지 생각을 해본다. 무엇보다 서울에 와서 내가 받은 가장 큰 축복은 예수님을 믿고 구원받았음과 하나님께서 주시는 참 자유를 누리게 된 것이다. 내가 예수님을 처음 믿게 된 것은 서울에 올라오면서 시고모님 댁 근처에 살게 되었는데 시고모님은 독실한 크리스천이셨다. 그 집에 자주 왕래하다 보니 자연스럽게 그분의 권면을 받아 교회에 다니게 되었다. 그때는 모두가 가난했던 시절이라 먹을 것이 참 귀했는데 시고모님은 교인들이 무슨 일이 있을 때마다 당신 집에 있는 쌀을 퍼다 주셨다. 그러다 보니 집에 있는 쌀이 남아나지 않았다. 오죽하면 며느리가 쌀독 뚜껑에 자물쇠를 만들어 채워놓았을까?

그분은 매일 새벽기도를 마치면 온 교인들의 집을 심방하였기에 교인들의 형편을 샅샅이 다 아셨다. 그런 후 우리 집에 오셔서 아침 식사를 하시면서 교인들의 필요를 챙기셨는데 그때는 집에 있는 간장, 고추장을 나누어 주는 것이 거의 전부였다. 그래도 그렇지 매일 퍼내다 보면 큰 독에 가득 채워져 있던 간장, 고추장도 어느새 텅 비워졌는데, 한번은 여동생이 빈 독을 보더니 "언니는 아무리 그래도 식구들 먹을 것은 남겨둬야지, 이렇게 다 퍼주면 어떻게 하나?"며 불만을 토로했던 적도 있었다.

우측 여동생과 함께 친정 고향 언덕에서

시고모님의 아들 황 장로님은 합승차 운수업을 했는데 사업이 잘 되어 수익금으로 예배당을 새로 건축할 수 있었다. 시고모님이 돌아가셨을 때 교회장으로 장례 예배를 드렸는데 시고모님의 도움을 받았던 많은 교인들이 참석하여 함께 슬퍼했다. 장례 예배 때 "하늘 가는 밝은 길이 내 앞에 있으니"라는 찬송을 불렀는데 그때 예수님을 믿지 않았던 시숙이 찬송 가사가 참 좋다고 했던 것이 기억난다.

시고모님은 돌아가시기 전에 "현순 에미는 예뻐"라고 말씀하셨는데 왜 그런지 여쭈었더니 "예수님을 잘 믿어서"라고 말씀하시면서 동시에 "질부는 미워"라고 말씀하셨다고 한다. 이유를 여쭈었더니 "예수님을 잘 믿지 않아서"라고 대답하셨다고 한다.

이 이야기는 나중에 고종사촌 형님을 통해서 전해 들었는데 결국 그 질부는 시고모님이 그렇게 예수님을 믿으라고 권면했음에도 끝까지 믿지 않았는데, 이것을 보면 우리가 예수님을 믿는 믿음을 갖게 되는 것도 하나님의 은혜라는 것을 깨닫게 되었다.

우측 손아래 동서와 세 자녀, 1962년 7월

1960년대에는 교회마다 부흥 집회를 많이 했는데, 한번은 집회 때 부흥강사가 "우리나라가 나중에는 전 세계에 복음을 전하며 세계를 다스리게 된다"는 내용의 말씀을 선포하셨다. 나는 그 말씀을 들으면서 마음속으로 '지금 우리나라 백성은 당장 먹을 것도 없어서 하루하루를 근근이 살아가기도 힘든데 무슨 저런 엉뚱한 말씀을 하신단 말인가'라며 도대체 말도 되지 않는 말씀을 하신다고 생각했었다.

그런데 불과 65년이 지난 지금 우리의 상황을 보면 그 말씀대로 이루어지고 있지 않은가! 1960년도에는 감히 상상할 수 없었던 기적의 현장을 지금 우리의 눈으로 목도 하며 살아가고 있지 않은가!

이 나라와 민족을 향한 하나님의 놀라운 계획을 알려주시고
이루어 주서서 깨닫게 해주신 하나님께
감사와 영광과 찬양을 올려드립니다. 할렐루야!

부흥 집회하면 잊을 수 없는 에피소드가 있다.

그 당시 부흥 집회는 보통 저녁 7시에 시작해서 밤 10시쯤 마쳤다. 어느 날, 부흥 집회에 참석했다가 집에 와보니 난리가 났다. 부흥 집회에 가기 전에 둘째 딸 아이를 재워놓고 갔는데, 나가자마자 깨어 울기 시작해서 집회를 마치고 돌아올 때까지 아무리 남편이 달래도 울음을 그치지 않았다고 나중에 집주인 할머니가 얘기해 주셨다. 나는 집에 들어가자마자 울고 있는 아이에게 젖을 물린 후 남편의 눈치를 살피고 있었는데, 화가 난 남편은 내 성경책을 몰래 가져다가 아궁이를 열고 연탄불 위에 성경책이 잘 타도록 세워서 올려놓았던 것이다.

아이가 젖을 다 먹고 잠든 것을 확인한 뒤에 남편 몰래 조용히 부엌에 가서 성경책을 꺼내어 보니 다행히 불구멍이 막혀있어서 그랬는지 성경책 가장자리 부위만 탔을 뿐 안쪽은 타지 않았다. 다음 날, 가위로 성경책 가장자리 탄 부분을 한 장씩 오려내면서 왜 그렇게 눈물이 흐르는지 한참을 울었다. 그때는 성경책이 비싸서 구입하기가 쉽지 않을 뿐만 아니라 가끔 훔쳐 가기도 했다. 남편은 미안했던지 이듬해 생일 선물로 성경책을 사다 주었는데, 그 성경책이 지금까지 소중하게 간직하며 읽고 있는 60년 넘은 성경책이다.

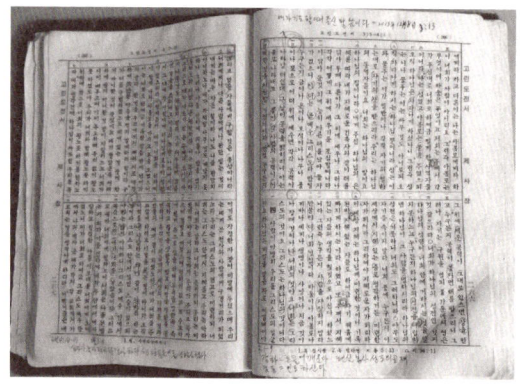

남편이 불태운 성경책 대신 생일 선물로 사다 준 60년 된 성경책
(오른쪽 상단에 "내가 기도할 때 주신 말씀(고전 3장 13절)이다 2013년 12월 8일"이라고 메모되어 있음)

또 다른 에피소드가 있다.

1960년도에는 시계가 무척 귀했기 때문에 시계 있는 집이 거의 없었다. 그러다 보니 새벽예배를 가기 위해 일어나 보면 몇 시인지

잘 모르기에 그냥 짐작으로 교회에 갈 수 밖에 없었다. 한번은 새벽 예배에 가려고 습관적으로 일어나 옷을 주섬주섬 입고 교회에 갔더니 문이 열려있지 않아 교회 앞에서 한참을 기다리고 있는데 교회 맞은편 집에서 새벽 3시를 알리는 종소리를 듣고 다시 집으로 돌아온 적도 있었다.

나는 교회를 다니기 전부터 꿈을 잘 꾸는 편이었는데, 교회를 다니면서 하나님은 꿈과 환상을 통해 많은 것을 보여주셨다. 나는 시고모님 댁 사촌 형님과 함께 교회 구역 심방을 하면서 하나님께서 보여주신 꿈과 환상에 대해 이야기를 많이 나누곤 했다.

그런데 그렇게 나누었던 꿈과 환상대로 일어나는 것을 계속 경험하다 보니, 한번은 고종사촌 형님이 "이 사람아, 나는 자네가 꿈과 환상 이야기를 한다고 하면 겁이 나네"라고 말하기도 했다. 이러한 꿈과 환상을 나누는 것이 혹시라도 교회에 누가 될 수도 있다고 생각했기에 사역자나 교인들에게는 일체 이야기 하지 않았다. 그렇지만 하나님께서 보여주신 꿈과 환상이 소중하다는 생각이 들었기에 때마다 보여주신 내용을 기도 노트에 기록했는데, 그중 일부를 자서전을 통해 나눔으로써 하나님께 영광을 올릴 수 있게 되기를 간절히 소망한다.

오직 주님만 홀로 영광 받으시옵소서!

최근에 오래전 구역 식구였던 집사님으로부터 안부 전화를 받고서 매우 반가웠다. 이런저런 이야기를 나누다가 그 집사님이 "권사님, 혹시 오래전 일이라 기억하실지 모르겠는데요. 제가 해산 후 몸조리하고 있을 때 몸이 너무 힘들다 보니 아이의 똥 기저귀를 툇마루에 쌓아놓고 있었어요. 그런데 권사님이 오셔서 그 많은 똥 기저귀를 다 빨아주고 가신 것을 지금도 잊지 못하겠어요"라며 고마워하는 것이 아닌가! 이미 오래전 일이라 잘 기억도 나지 않는데 이런 조그만 배려가 그 집사님에게 큰 감동을 주었다는 것이 그저 놀라울 뿐이다.

어느 날, 남편의 몸이 이유도 없이 자꾸 여위어 가서 병원에 가서 진단한 결과 남편의 폐가 좋지 않으니 공기 좋은 곳으로 휴양 가서 치료해야 한다고 하는데… 참으로 난감했다. 남편이 일을 해야만 먹고살 수 있으니 휴양을 떠난다는 것은 생각할 수도 없었다. 결국 내가 할 수 있는 것이라고는 하나님만 의지하면서 정성껏 남편을 돌보는 것이었다. 폐병은 잘 먹어야 한다고 해서 끼마다 고기반찬과 정성껏 준비한 음식을 남편에게 차려주었고 가족에게 전염되는 것을 방지하기 위해 매번 모든 식기를 물에 끓여 소독하고 남편과 아이들 상을 따로 차렸다.

그렇게 몇 개월을 정성스럽게 돌본 후에 병원에 가서 다시 엑스레이를 찍어보니 예상했던 것보다 훨씬 좋은 결과가 나와서 의사도 깜짝 놀랐다. 그러면서 도대체 그동안 무엇을 어떻게 했는데 이렇게 좋아졌느냐고 오히려 의사가 나에게 물어보는 것이 아닌가!

할렐루야! 하나님께서 우리를 불쌍히 여겨주셔서 남편의 폐병을 깨끗이 회복시켜 주셨고 이후에도 재발하지 않도록 지켜주셨다.

하나님께 모든 감사와 찬양과 영광을 올려드립니다!

왼쪽부터 셋째 딸, 둘째 딸, 아들

한번은 남편이 큰 사기를 당했던 적이 있었는데, 나와 주변 사람들이 사기라며 아무리 설득해도 남편은 그 이야기를 듣지 않았다.

나중에서야 사기를 당했다는 것을 알고 그 충격으로 식사하다가 갑자기 숟가락을 툭 놓으면서 절망감으로 한숨을 쉬는 것이 아닌가!

그런 남편을 위로하고 격려한 후에 가까스로 출근시키고 나면 오히려 내가 그 충격으로 홀로 방에 앉아 하루종일 방안에서 옷장만 멍하니 바라보다가 해가 지면 그때야 정신을 차리고 밥을 했다. 반찬은 도대체 준비할 정신이 아니었기에 큰딸이 학교에서 돌아오면 만들었다. 그렇게 몇 날을 지내다 보니 오히려 남편은 내가 걱정되었는지 병원에 가라고 했지만 가지 않으니까 사람을 집에 보냈다.

그 사람과 함께 종로에 있는 정신과 의사에게 가서 심리검사를 받는데 여러 장의 검사 시트를 주면서 항목마다 표시하라고 했다. 검사 항목 수가 매우 많은데 거기에는 내가 어렸을 때부터 지금까지 지내온 모든 이야기를 자세히 적는 항목도 있었다. 모든 검사 항목을 다 작성한 후에 의사와 상담을 하는데 총 점수가 100점이 넘으면 비정상이라고 하면서 95점이 나왔으니 정신과 치료를 꼭 받아야 한다고 했다. 내가 지금 정신과 치료를 받을 형편이 안된다고 이야기했더니 계약금은 천천히 주어도 되니 매일 치료 받을 때마다 일정 금액을 지불하라고 했다. 그것도 형편이 어려워 치료받을 수 없다고 대답한 후 나는 예수님을 믿는 사람인데 새벽예배에 가서 치료받겠다고 얘기하고 집으로 왔다.

하나님께서는 나를 불쌍히 여겨주셔서 비록 병원에서 어떤 치료를 받거나 약을 복용하지 않았지만 내 마음의 병을 재발도 되지 않도록 깨끗이 치료해 주셨다.

할렐루야! 하나님께 모든 감사와 찬양과 경배를 올려드립니다.

결혼 20주년 기념 사진

한번은 시집에 일이 있어서 내려갔을 때였다.

시아버님이 "현순 에미야, 내가 오늘 기분이 참 좋다!" 하셔서 "아버님, 뭐가 그렇게 좋으세요?"라고 여쭈었더니 "어제 집안 어른이신 이동 할아버지가 오셨는데 서울에 있는 자부가 누구의 자손인가?"라며 물으셨다고 한다. 시아버님이 "'김'자 '종'자 '하'자 그 어른의

손녀"라고 말씀드렸더니 "그러면 그렇지!" 하시면서 "이 사람아, 내가 서울에 가서 그렇게 대접을 잘 받았네! 몇째 자부지?" 둘째 자부라고 말씀드렸더니 "자네, 둘째 자부를 참 잘 봤네"라고 하셨다며 모든 집안 어른들이 모인 자리에서 칭찬을 들었다고 무척 좋아하셨다. 나도 기분이 참 좋았다.

이동 할아버지는 우리 시집에서는 글을 가장 많이 아시기에 집안 어른들로부터 존경받는 분이었는데 매년 족보를 만드는 일 때문에 서울에 오셨다. 그때는 서울에 친척들이 없을 때라 우리 집에 머무셨는데 나는 그저 고향에서 손님 대접하는 식으로 하루 7때(새벽참, 아침, 참, 점심, 참, 저녁, 참)를 준비해서 드린 것인데 이것이 그 어른을 감동시켰던 것 같다.

이와 관련된 에피소드 하나가 생각난다.

시집살이할 때 친정 할아버지가 삼복더위에 시집에 오셨다가 인사차 큰집을 방문한 적이 있었다. 삼복더위에 손님을 대접하기 위해 하루 7끼를 준비한다는 것이 얼마나 힘들었을지 상상이 될 것이다.

시큰어머니가 지나가는 이야기로 "손님도 삼복더위에는 피했으면 좋겠다"고 말씀하시는 것을 듣고 나중에 친정에 갔을 때 친정 할아버지께 "할아버지, 어디 가시더라도 삼복더위나 혹한 때는 피하시는 것이 좋을 것 같아요. 음식 준비하는 사람이 많이 힘들어해요"라고 말씀드렸다. 할아버지는 잠시 생각하시더니 "그래! 그럴 것도 같구나. 오냐, 다음부터는 그렇게 하마"라고 답해주셨다.

 이것은 내가 서울에 와있을 때 포도할매(집안 할머니)로부터 들은 이야기이다.
 포도할매가 서울에 오면 꼭 우리 집에 들러 식사를 하시곤 했는데, 한번은 포도할매가 "자네가 서울로 올라가고 나서 자네 시어머니가 자네를 무척이나 그리워하네"라고 말씀하시는 것이다. 그도 그럴 것이 시부모님과 10년간 함께 지내다 보니 미운 정 고운 정 다 들었기 때문이리라. 사실 시어머니는 내가 시집에 처음 왔을 때부터 속병이 있었는데, 조금이라도 화가 나면 가슴 속에서 뭔가 막 치밀어 오르는 일종의 화병이었다. 이 증세가 나타나면 온 식구들이 옆에 붙어서 치밀어 오르는 것을 막으려고 가슴 밑을 누르고 팔다리를 주무르고 온통 난리가 난다.
 그런데 놀랍게도 이 오래된 속병이 시집살이하는 동안 다 치료된 것이다. 최근 들어서 이해할 수 없는 것 한가지는 '어머니'를 생각하면 친정어머니보다 시어머니가 먼저 떠오르는데, 나도 왜 그런지 그 이유를 잘 모르겠다.

가족사진, 1남 3녀

　우리가 고향 친인척 중에서 가장 먼저 서울로 상경하다 보니 누구든지 서울에 오는 사람들은 우리 집을 거쳐 갈 수밖에 없었다. 그때는 서울에 오면 먹고 잘 수 있는 시설과 여건이 마땅치 않았고 비용 또한 만만치 않았기 때문이다.

　시동생도 제대 후 서울에서 자리 잡고 장가갈 때까지 데리고 있었고, 학업과 직장을 구하기 위해 친인척들이 서울로 상경할 때마다 우리 집에 머물렀으니, 당시 우리 집을 여관이라고 불러도 과언은 아닐 것 같다. 이렇게 수많은 사람이 오고 갈 때마다 식사를 대접하고 잠자리를 제공하는 일 또한 쉬운 일은 아니었지만 그래도 시집살이에 비하면 아무것도 아니었다.

나는 가끔 시집 식구들이 모두 살아있다면 다 같이 모여서 이런 이야기를 함께 나누고 싶다는 생각을 갖고 있었는데 이렇게 자서전을 통해서나마 나눌 수 있게 되어 감사하다. 그러나 지금은 아쉽게도 시동생 부부와 막내 시누이만 생존해 있다.

서울에 올라와서 이제 자리도 잡고 신앙생활도 나름대로 열심히 하고 있다고 생각할 즈음, 큰 시련이 닥쳐 왔다.

위에 통증이 생겨 병원에 가서 검사를 받았는데 위암이라는 판정을 받았다. 나중에 간증을 통해 이야기하겠지만, 위 절제 수술 후 거의 10년간의 회복 기간을 지나면서 육신적으로는 너무 힘들고 어려운 시간을 보냈다. 그러나 이 기간이 하나님을 더욱 깊이 만나고 체험하며 알아가는 귀한 은혜의 시간이었음을 고백한다.

† 전세든 사람들 이야기

하나, 젊은 부부와 시어머니 이야기

　우리 집에는 제법 방이 여러 개 있어서 여러 세대가 함께 살았는데 방 2개를 젊은 부부와 시어머니가 함께 사는 가정에 전세를 주었다. 그런데 어찌 된 일인지 시어머니가 매일 밥상을 차려 젊은 부부에게 갖다 주는 것이 아닌가! 계속해서 그것을 지켜보고 있으려고 하니 마음이 편치 않았기에 하루는 그 집 남편을 따로 불러서 "나는 지금까지 살면서 시어머니가 멀쩡한 며느리에게 밥상을 차려주는 것은 처음 본다"며 "어떻게 어머니를 그렇게 모실 수 있느냐"고 하면서 "우리 자녀 교육에도 좋지 않으니 잘 생각해 보라"고 얘기해 주었다. 그 아내도 나중에 따로 불러서 조용히 알아듣도록 타일렀다.
　이것은 나중에 시어머니에게서 들은 이야기다.
　우리 집에 이사 오기 전에는 젊은 부부와 시어머니가 한방을 사용했는데 잘 때가 되면 시어머니는 밤늦은 시간까지 밖에서 머물다가 새벽 12시쯤 되어 방으로 들어와 문 바로 옆에서 잠시 잠을 자고 새벽이 되면 일찍 밖으로 나왔다고 한다. 그러니 그 삶이 얼마나 곤고했을지 짐작이 갈 것이다. 그래서 우리 집에 전세를 얻기 위해 방문했을 때 원래 방 1개만 전세로 놓으려고 했지만, 시어머니 되는 사람이 얼마나 간곡히 부탁하는지 방 2개를 전세로 주었는데 그런 아픈 사연이 있었던 것이었다.

그 이후, 그 부부는 완전히 바뀌었고 무엇보다도 시어머니 되는 분이 얼마나 고마워하셨는지 모른다. 젊은 부부는 어린 아들을 데리고 뚝섬 유원지에도 자주 놀러 갔었는데, 우리 아이들도 함께 데려가서 놀다가 오곤 했었다.

나중에 수유리에 있는 단독주택을 구입해서 이사 갈 때 시어머니도 젊은 부부도 매우 고마워했다. 하지만 그분들이 변화되어 서로 화목하게 사는 모습을 보는 내가 오히려 더 고마웠다. 이사 갈 때 마치 가족이 헤어지는 것처럼 서로가 많이 아쉬워했는데 지금은 어떻게 잘살고 있는지 궁금하다.

둘, 젊은 부부 이야기

어린아이를 둔 젊은 부부가 전세를 들었는데 이들 부부는 자주 싸우는 편이었다.

이유는 잘 모르겠지만 싸우기만 하면 아내가 거품을 흘리면서 쓰러져 눕는데 그러면 남편은 아내를 끌어안고 어쩔 줄 몰라 했다.

이렇게 젊은 아내가 반복해서 하는 행태를 계속 지켜보다가 그냥 두어도 될 것 같아 한번은 남편을 따로 불러서 "다음에 아내가 다투다 쓰러지면 그냥 두어도 괜찮을 것 같으니 그냥 내버려 두고 일

보러 가라! 고 했더니 젊은 남편은 "아주머니, 가만두어도 괜찮을까요?"라고 하면서 "그러다가 혹시라도 죽으면 어떻게 하죠?"라고 묻길래 나도 마음 한편으로 겁이 나긴 했지만 그냥 두고 가라고 했다.

그 후에 동일한 사건이 일어났을 때, 남편은 주저주저하면서 그냥 두고 일하러 갔는데 얼마 되지 않아 아내 혼자서 주섬주섬 일어났다. 나는 젊은 아내에게 "자꾸 그렇게 행동하면 나중에 중병이 될 수도 있으니 조심하는 것이 좋겠다"며 충고해 주었다. 그 이후부터 부부간에 싸우는 횟수도 점차 줄어들었고 부부 사이도 많이 좋아졌다.

나중에 집을 구입해서 이사 갈 때 아내가 "주인아주머니, 나중에 우리 아들 장가갈 때 꼭 오셔야 해요!"라며 갔는데 벌써 장가를 가서 자녀가 장성했을 정도의 시간이 지난 것 같다. 지금은 어떻게 살고 있는지 궁금할 뿐이다.

셋, 과부 아주머니

4남매를 둔 과부 아주머니가 우리 집에 전세로 들어와 4년 정도 살다가 다른 곳으로 이사 갔는데, 그곳이 마음에 들지 않았는지 다시 우리 집으로 이사 올 수 없겠느냐고 사정사정함에도 핑계를 대어 거절했다.

그 이유는 이렇다. 우리와 함께 살 때 그집 아들이 오산에 있는 미군 부대로 직장을 구해 다녔는데, 그 당시 미군 부대에서 제공되는 각종 식품(초콜릿, 우유, 과자 등)을 많이 갖고 왔다. 그런데 한집에 함께 사는 이웃 사람들과 한 번도 나누어 먹은 적이 없었고, 심지어 아이들에게조차도 나누어 준 적이 없었다.

집에서 공동으로 사용하는 전기세, 수도세 비용을 분담(나중에 별도의 전기계량기를 달았는데 오히려 비용이 더 많이 나오니까 다시 떼었다)하는 것도 그렇고 모든 면에서 참으로 인색했다.

일찍 과부가 되어 홀로 4남매를 키우다 보니 얼마나 힘들었을지 생각해 보면 이해도 되지만, 그래도 너무 인색했다.

30~40CH

70CH

내 평생의 신앙 간증

가끔 지나온 시절을 생각할 때, 궁금하기도 하면서 내 생각으로는 이해되지 않는 인생의 부분들이 있다.

그것은 행복하고 유복했던 유년과 초등학교 시절을 보내던 나에게 갑작스럽게 닥친 어머니의 죽음으로, 당연하다고 생각되었던 중학교 진학마저 좌절되고, 생각하지도 않았던 결혼을 하게 된 것이다.

친정과는 달라도 너무나 다른 문화와 환경 속에서 겪었던 혹독한 시집살이를 통하여, 어린 시절 받았던 많은 사랑으로 인해 자기중심적이고 친구들과의 관계에서도 항상 내가 드러나야만 직성이 풀렸던 나의 자아는 다 깨어져 없어지고, 현재 처한 상황에서 모든 것을 받아들이고 인내하며 순종하는 사람으로 변화되었다.

서울로 이사온 후, 예수님을 믿게 되면서 하나님께서는 이렇게 변화된 나의 모습을 하나님의 말씀에 대한 인내와 순종으로 역사해

주셨다. 이렇게 인내와 순종으로 열심히 신앙생활을 해오던 나에게 이해할 수 없는 큰 시련이 닥쳐왔는데, 50대 중반 한참 하나님의 일을 해야 할 시기에 위암이라는 판정을 받고 생과 사의 갈림길에 직면하게 된 것이다. 위 전체를 제거하는 수술 후, 10년간에 걸친 회복의 과정 가운데 체중이 거의 30% 이상 줄어들면서 그동안 섬겨 왔던 모든 교회 사역을 내려놓을 수밖에 없었다. 이렇게 연약해진 나에게 하나님께서는 새로운 사명을 주셨는데, 그것은 기도와 말씀에 집중하게 하신 것이다. 비록 그때는 잘 몰랐지만 지금 생각해 보면 "내가 만약 이런 상황에 직면하지 않았다면 과연 하나님께서 주신 기도의 사명을 감당할 수 있었을까?"라는 물음에 "아니요!"라고 대답할 수밖에 없다. 왜냐하면 하나님께서 주신 기도의 사명은 내가 평안한 가운데 모든 것이 다 갖추어진 상황에서 자발적으로 원해서 할 수 있는 것이 전혀 아니었기 때문이다.

위암 수술 후 3년이 지난 어느 날, 심한 늑막염으로 아산병원에 입원해서 치료를 받고, 다시 3년 후에 담석증에 걸려 거의 죽음에 이르는 임사 체험을 하게 된다. 하나님께서는 이렇게 10년 동안 고통의 긴 터널을 지나게 하시면서 나를 기도의 용사로 다듬어 가셨다.

이런 고통의 과정을 겪기 전에는 매일 새벽예배 후 2~3시간 정도 기도한 후 집으로 돌아왔는데, 이 정도 시간이면 내가 갖고 있던 모든 기도 제목을 하나님께 다 아뢸 수 있었기 때문이었다.

이런 나에게 하나님께서는 10년 동안 많은 기도의 제목을 주시면서 기도하게 하셨는데, 그야말로 기도가 내 삶의 전부가 되게 하셨다. 아침에 일어나서 세 끼 식사와 밤에 잠자는 시간을 제외하고 하루 15시간 이상을 그것도 반드시 무릎을 꿇고 기도하게 하셨기에 모든 세상적인 관계들은 자연스럽게 하나씩 정리되어 갔다.

이렇게 기도한다는 것이 육신적으로나 세상적으로 힘들고 어려웠지만 하나님께서는 이런 것과는 감히 비교할 수 없는 놀라운 은혜를 베풀어 주셨다. 하나님께서는 기도의 사명을 감당하는 나에게 때로는 환상으로, 때로는 음성으로 하나님의 뜻을 보여주고 들려주시며 아버지와 같은 친밀함으로 만나주셨다. 어떻게 이 신비와 놀라움을 다 표현할 수가 있을까? 이것이 너무 귀하고 신비해서 그때그때 기도 노트에 기록해 놓았는데 그중 일부를 나눌 수 있게 되어 기쁘다. 무엇보다 이러한 나의 간증을 통해 오직 하나님만이 홀로 영광 받으시기를 간절히 바랄뿐이다!

통상 일반적인 사건들은 우리의 기억 속에서 오래되지 않아 희미해지다가 곧 사라지지만, 하나님께서 보여주신 환상과 들려주신 음성은 몇십 년이 지나도 뚜렷하게 기억난다.

놀라운 것은 내가 비록 이렇게 육신적으로나 정신적으로 여러 번 죽을 고비를 넘겼음에도 하나님께서는 지금까지 나의 건강과 생명을 지켜주셨다는 것이다.

그러면서 하나님께서는 나에게 모든 생명은 주님께 달려있으며 우리에게 주신 사명을 감당할 때까지는 생명을 거두어 가지 않으심을 체험하고 고백하게 하셨다.

더욱 감사한 것은 노령에도 선명한 기억력을 주셔서 어린 시절부터 지내왔던 일들을 떠오르게 하시고, 기록한 내용을 생전에 눈으로 읽고 확인하도록 은혜를 허락하셔서 이 모든 것에 거짓됨 없이 전하게 허락하시니 이 얼마나 놀라운 하나님의 은혜인가!

비록 내 평생에 많은 육신의 고통이 있었음에도 하나님께서는 나를 불쌍히 여겨주셔서, 이제는 어떤 약의 도움도 받지 않고 평안하게 잘 지내고 있다. 지금도 혹시 몸이 아프거나 힘들 때 병원이나 약국을 찾기 전에 먼저 하나님께 고쳐달라고 기도드리면 하나님께서 그때마다 치유해 주시는 놀라운 은혜를 체험하고 있다.

이렇게 나의 인생 가운데서 역사하셨던 하나님의 섭리를 깨닫게 되니 지난날 나를 힘들게 했던 모든 것들이 하나님께서 나를 새롭게 빚어가기 위한 도구였음을 깨닫게 된다. 이런 깨달음과 하나님의 사랑을 통해 하나님께서는 그동안 나를 힘들게 했던 사람들을 용서할 수 있는 마음을 허락해 주셨으며, 그저 머리로만 알고 있었던 하나님의 말씀이 나의 삶 속에서 체험되는 은혜를 베풀어 주셨다.

비록 내 나이가 93세의 고령이지만, 지금까지도 이렇게
깨닫게 해주시고 하나님께 받은 사랑으로 용서하며
회복될 수 있음에 하나님께 감사와 찬양과 경배를 올려드립니다.
하나님 아버지, 우리 인간은 이렇게 나이를 먹어도
얼마나 미련하고 우둔한지요!

지금도 하나님께 기도드린다. "하나님, 이제는 저의 육신도 연약해지고 기도도 전과 같이 드릴 수가 없어요! 이제는 이 세상에서 제가 해야 할 더 이상의 사명이 없는 것 같아요! 하나님 이제는 하늘나라에 가고 싶어요"라고 말씀드렸을 때, 먼 산을 바라보시며 "이 세상에 너 같은 사람이 또 있을까"라고 말씀하시던 하나님의 음성이 지금도 생생하다.

지금 여기에 쓰는 간증의 첫 번째 증인 되시는 분은 지금까지 나의 삶 가운데 함께하셔서 나의 모든 것을 아시며, 내 마음 중심 깊은 곳까지도 다 아시는 성령 하나님이시다!
두 번째 증인은 육신이 연약한 나를 지난 30년간 한결같은 마음으로 옆에서 지극 정성으로 돌보아 준 사랑하는 둘째 딸이다.

한번은 둘째 딸을 위해 기도할 때 "하나님, 제가 만약 둘째 딸의 입장이 되어 어머니를 돌봐야 한다면 저는 둘째 딸처럼 어머니를 돌볼 자신이 없어요"라고 고백했던 적이 있다.

둘째 딸이 어렸을 때 겪었던 일을 잠시 회상하며 이야기해야 할 것 같다. 둘째 딸이 누워서 조개껍데기를 입에 넣고 놀다가, 조개껍데기가 엎어지면서 기도를 막은 적이 있었다. 손을 넣어 꺼내려고 하니 자꾸 안으로 더 들어가기에 급히 아이를 업고 병원에 가려고 집을 막 나서는데 벌써 아이가 숨이 막혀 몸이 축 처지는 것이 느껴졌다. 순간적으로 병원에 가면 늦을 것 같다는 생각에 다시 집으로 돌아와서 나도 어찌할 바를 모르고 있는데 하나님께서 지혜를 주셔서 순간적으로 업었던 딸아이를 옆으로 돌려 거꾸로 들고 등을 막 두드리는데 아이가 "캑!" 하면서 피가 묻은 조개껍데기를 토해냈다.

그런 후에 딸 아이는 바로 회복되었다. 지금도 이 일을 생각하면 몸서리가 난다. 둘째 딸이 나를 돌보아 준 이야기를 다 쓰려고 한다면 책 한 권으로도 부족할 것이다.

이렇게 둘째 딸을 살려주셔서 연약한 내가 하나님께서 주신
기도의 사명을 감당하며 지금까지 이 땅에서
주님과 교제할 수 있도록 은혜를 베풀어 주신 하나님께

감사와 찬양과 영광을 올려드립니다!

세 번째 증인은 지난 8년 동안 육신적으로 연약한 나를 돌보고 지켜준 사랑하는 며느리와, 먼 곳 대구에서 수시로 나를 찾아오기도 하고 전화로, 그리고 여러 방법으로 마음을 써준 사랑하는 맏딸과 셋째 딸이다.

이 모든 것을 다 아시는 하나님께서 둘째 딸과 며느리, 맏딸과 셋째 딸, 그리고 그들의 가정에 넘치는 은혜로 다 갚아주시기를 간절히 기도드린다.

† 시아버님 발인제에서 예수님을 선포하다

시아버님이 돌아가셨다는 연락을 받고 고향에 내려가서 장례식을 마친 후 상여가 집을 떠나기 전 마지막 발인제를 하는데, 7남매가 되는 자녀들 모두 마지막 배웅을 위해 엎드려 절을 할 때였다.

예수님을 믿은 후 오직 말씀대로 순종하며 살아가겠다는 순전한 마음으로 충만했기에 모두가 절을 하기 위해 엎드리는데, 나만 홀로 서서 절을 하지 않았다. 아직도 유교적 문화가 팽배하던 때라 여기저기서 온통 난리가 났다. 동네 친인척들, 특히 시집살이하는 동안 나를 알고 지냈던 사람들은 내가 평상시 말이 없고 순종적인 사람인 줄 알고 있었기에 그 충격이 더했던 것 같다. "아니 저 질부 좀 보게… 아니 저 형님 좀 보게… 아니 저 손부 좀 보게… 세상에 시아버님 마지막 가는 길에 절도 하지 않고 저렇게 뻣뻣하게 서 있네…" 하면서 사방에서 수군거리는 소리가 내 귓가에 왜 그렇게 크게 들렸는지 모르겠다.

돌이켜 보면 이때가 내 인생에서 가장 힘든 순간 중 하나였던 것 같다.

내 귀에 들리는 그 조롱과 비난의 소리가 너무 힘들어서 오죽하면 차라리 죽는 편이 더 낫겠다고 생각할 정도였다. 더욱 힘들었던 것은 세 며느리 중에 첫째 며느리는 이미 세상을 떠났고, 셋째 며느리는 출산한 지 얼마 되지 않아 오지 못했기에 둘째 며느리인 나만 참석했는데, 내가 시아버님의 마지막 가는 길에 절을 하지 않는다면 어떤 이유와 명분으로도 유교 문화에 익숙한 사람들에게 설명이 될 수 있을까?

지금도 그때 일을 생각하면 몸과 마음이 떨린다. 내가 그런 상황 속에서 버틸 수 있었던 것은 하나님께서 오직 말씀대로만 살겠다는 순전한 마음을 보시고 긍휼히 여겨주셔서 견딜 수 있는 용기를 주셨기 때문이다. 나는 마음속으로 장례식이 끝나면 집안 모든 사람에게 존경받고 하는 일이 분명하고 빈틈이 없으며 엄하기로 소문난 시큰어머님에게 심한 꾸지람을 듣겠구나 생각하며, 이제 곧 부르시겠지 하면서 기다리고 있었는데 신기하게도 아무런 말씀이 없으셨다.

그 사건 이후 나는 집안사람들로부터 예수님을 믿는 사람으로 인정받게 되었고, 집안에서 행해지는 모든 제사에서 절을 하지 않아도 된다는 무언의 허락을 받게 되었다. 시어머님도 내가 제사 지낸 음식을 먹지 않는다는 것을 아시고, 제사 지낸 음식과 지내지 않은 음식을 따로 구분해 놓으셨다.

이 모두가 하나님이 예비하신 놀라운 은혜였다. 적대적인 상황에서 예수님을 믿는다고 선포한 것 때문에 마치 죽을 것 같은 주변의 조롱과 비난의 시간을 통과한 후에 부어주시는 하나님의 놀라운 은혜를 체험하는 시간이었다. 이런 하나님의 놀라운 인도하심을 체험하지 않고서야 어떻게 알 수 있을까?

할렐루야! 오직 주님만이 아십니다!
하나님께 모든 감사와 찬양과 영광을 올려드립니다.

하나님께서 주신 기도의 사명

　1979년 우리 가족은 단독주택에 살다가 아파트로 이사했다. 단독주택은 여러 세대가 함께 살기도 하거니와 장사하는 사람들도 계속 방문하기에 사생활을 보호받기가 쉽지 않은 환경이었다.

　그러다 보니 단독주택에 거하면서 기도에 집중하는 게 쉽지 않았는데 아파트로 와보니 생활의 편리성 등 여러 가지 좋은 점이 많았지만 무엇보다 기도하기에는 최적의 조건이었다. 아파트는 일단 문을 잠그고 있기에 장사하는 사람들이 와서 문을 두드려도 응답하지 않고 있으면 아무도 없는 줄 알고 그냥 돌아갔다.

　가만히 생각해 보면 하나님의 인도하심은 참으로 놀라우실 뿐이다. 사실 나는 아파트보다 단독주택으로 이사할 생각이었는데 그 이유는 아파트가 아무래도 단독주택보다 재정적인 부담이 컸고 그 당시 아파트 관리비 또한 만만치 않았기 때문이다.

그런데 시동생의 권유와 도움으로 아파트로 이사 갈 수 있었는데 이 또한 하나님께서 인도하셨다는 것을 나중에서야 깨닫게 되었다.

기도의 사명을 받은 후 하루 일과는 아침 식사 후 오전 4시간 (8~12), 점심 식사 후 오후 6시간(13~19), 저녁 식사 후 5시간 (20~01)을 기도하게 하셨는데 식사와 잠자는 시간을 제외하면 하루 15시간 정도를 기도에 집중하게 하셨다. 이렇게 기도에 집중하다 보면 하루가 어떻게 흘러가는지 잘 모르기에 그저 둘째 딸이 와서 식사하라고 얘기해 주면 나와서 식사하고 잠시 휴식을 취한 후 방으로 돌아와 다시 기도를 시작한다. 전화가 와도 둘째 딸이 대신 받아서 기도 중이라고 전해주다 보니 전화 오는 횟수도 점차 줄어들었다.

밤늦게까지 기도하다 보면 어떨 때는 남편이 옆에서 자다가 갑자기 벌떡 일어나 앉을 때가 있는데, 그러면 나는 기도하다가 화들짝 놀라 잠시 기도를 중단하곤 한다. 남편은 그때까지 내가 자지 않고 기도하는 모습을 보고 잠결에 "에이! 당신은 아직도 자지 않고 무슨 기도를 이렇게 늦은 시간까지 유난스럽게 하느냐"고 말하곤 다시 잠든다.

그러면 조용히 기다리고 있다가 남편이 잠든 것을 확인하고 다시 기도를 시작한다. 하나님께서는 기도할 때 꼭 무릎을 꿇도록 하셨는데, 무릎이 불편해서 다리를 펴려고 하면 종아리 내부 깊은 쪽에서 심한 가려움증이 생기기에 다시 무릎을 꿇지 않을 수가 없었다. 그때 내 몸무게가 36~40kg 정도였으니 무릎을 꿇으면 대퇴부와 종아리의 뼈가 닿는 것 같은 느낌이 들었다.

오죽하면 둘째 딸이 기도할 때 무릎 지지대로 사용하라고 하면서 보루를 만들어 주었을까? 이렇게 하나님께서는 하루 15시간 동안 10년 동안을 하루도 빠짐없이 무릎 꿇고 기도하게 하셨는데 이것이 내 의지와 결심으로는 도저히 불가능한 일이었기에 이것이야말로 하나님의 놀라운 기적이라고 밖에는 달리 어떻게 표현할 수가 없다.

지금도 생각하면 생각할수록 내가 그렇게 기도할 수 있었던 것은 오직 하나님의 은혜였음을 더욱 절실히 깨닫게 된다. 지금은 그때처럼 기도하지 못하지만 그때의 기도 습관이 남아있기에 집에 있을 때나 교회에 있을 때나 무엇을 하든지 늘 쉬지 않고 기도한다.

그런데 '도대체 무슨 기도 제목으로 그렇게 오랫동안 기도하는가?'라며 궁금할 수 있을 것이다. 일단 기도를 시작하면 하나님께서 기도 제목을 주시고 환상을 보여주시는데 그 환상이 마치 영화 필름처럼 지나간다. 어떤 기도 제목은 마귀가 사람의 형상으로 나타나는데 사람 마귀는 가장 물리치기 쉬운 것이 기도하면 금방 지나가기 때문이다.

어떤 기도 제목은 마귀가 짐 덩어리 같은 형상으로 나타나는데, 짐 덩어리 마귀는 한참을 기도해야 지나가기에 사람 마귀보다 물리치기가 어렵다. 가장 힘든 것은 마귀가 산더미 같은 형상으로 나타나는 것인데 산더미 마귀는 한참을 기도해도 아주 조금씩만 움직이기에 다 물리칠 때까지 많게는 3~4시간 정도 기도해야 한다.

이렇게 기도할 때는 체력적인 소모도 많아 육신적으로도 많이 지치게 된다. 이렇게 다양한 기도의 제목을 계속해서 주시면 각 형상의 마귀를 다 물리칠 때까지 쉬지 않고 기도해야 하는데, 아무리 힘들고 어려워도 절대 기도를 포기할 수 없는 이유는 그것이 마귀에게 지는 것이기 때문이다.

한번은 기도 중에 하나님께서 느닷없이 아주 오래전에 우리 교회에 사역하시다가 미국으로 떠났던 이름조차도 잘 기억나지 않는 한 목사님을 위해 기도하라고 하셔서 기도했던 적이 있었다. 한참 후에 그 목사님이 한국을 방문하셨을 때 결혼식장에서 만나 뵐 수 있었다. 나는 하나님께서 왜 그 목사님을 위해 기도하게 하셨는지 궁금해서 기도했다는 이야기는 하지 않고 목사님께 미국에 있는 동안 어떻게 지내셨냐고 물어보았더니 목사님이 "권사님, 저는 미국에서 목회하는 동안 너무 힘들고 어려웠어요!"라고 말씀해 주시는 것이 아닌가! 할렐루야! 하나님께서는 미국에 계신 그 목사님의 상황과 형편을 다 아시고 한국에 있는 나에게 그 목사님을 위해 기도하게 하셨다는 것이 너무 놀랍고 신비로울 뿐이다.

이렇게 10년을 밤낮으로 기도하는 동안 하나님께서는 모든 것을 다 보여주고 알려주셨다. 하지만 이런 하나님의 놀라운 역사에 대해 말하는 것이 혹시라도 하나님의 영광을 가릴 수 있다는 생각에 둘째 딸 외에는 아무에게도 말하지 않고 있었다. 그러나 이제는 하나님께 가야 할 날이 가까이 오면서 그동안 저를 만나주셨던 하나님과의 역사를 레거시로 남겨야겠다는 마음을 주셨다.

이런 놀라운 은혜를 베풀어 주신 하나님께
모든 감사와 찬양과 영광을 올려드립니다!

하나님의 임재 체험

† 위암 수술과정에서 보여주신 환상

50대 후반이 되었을 때의 어느 날에 일어난 일이다.

갑자기 위에 심한 통증을 느끼게 되었는데, 마치 바늘 여러 개를 한 뭉치로 묶어서 쿡쿡 찌르는 듯한 심한 고통이 왔다. 조금 지나면 나아지겠지 하면서 계속 참고 있다가 증상이 심해져서 결국은 강남에 있는 시립병원에 내시경 예약을 했다. 내시경 하는 날, 새벽 기도 중에 하나님께서 사도행전 5장 6절(젊은 사람들이 일어나 시신을 싸서 메고 나가 장사하니라) 말씀을 주셨는데, 그 말씀으로 인해 마음이 많이 불편해졌다. 그날 내시경 검진 결과 초기 위암이라는 판정을 받았다.

그날 집에 돌아와 모두가 잠든 후에 홀로 밤을 새우며 하나님께 기도하는 중에 하나님께서 환상을 보여주셨는데, 하나님께서 칼로 위를 삼등분하신 후 그 절단된 부위를 뒤집어서 맑은 물로 깨끗이 씻은 다음 다시 원래 위치로 갖다 놓으시는 환상이었다.

놀랍게도 이 환상을 보여주신 후에는 그렇게 심했던 통증이 사라졌다. 나도 이런 환상을 처음 경험했기에 수술을 진행해야 할지 혹은 하지 말아야 할지 혼란스러워 목사님께 조언을 구했었다.

그런 후 가족들의 권유로 서울대병원에서 다시 내시경 검사를 받게 되었는데 그날도 새벽기도 중에 하나님께서 요한복음 3장 12절 (내가 땅의 일을 말하여도 너희가 믿지 아니하거든 하물며 하늘의 일을 말하면 어떻게 믿겠느냐) 말씀을 주셨다. 위내시경 검사를 받는데 내시경 담당 의사가 "강남 시립병원에서는 내시경 결과가 어떻게 나왔느냐?"고 묻길래 거기에서는 위암 초기 진단을 받았다고 말했더니 내시경 담당 의사가 고개를 갸우뚱했다.

하나님께서 내 위암을 깨끗이 치료해 주신 것을 환상을 통해 선명하게 보여주셨음에도 불구하고, 나의 믿음이 부족하여 하나님의 치유를 신뢰하지 못하고 다시 병원을 찾아 세상적인 방법을 따라갔다. 물론 가족들은 의사의 판단을 더 신뢰했기에 수술해야 한다고 주장했고, 하나님께서 보여주신 환상을 이야기해도 믿어줄 사람이 없었다. 단지 그때 나와 함께 병원에 따라온 승 권사님만 수술하면 안 된다고 하면서 계속 따라 다니며 말씀하셨는데, 오죽하면 시동생이 도대체 저분은 누구인데 저러시냐고 할 정도였다.

   결국은 나의 믿음 부족으로 세상적인 방법을 따라 수술을 진행했고, 그런 후 나는 나의 믿음 없음을 하나님 앞에 무릎 꿇고 항복하며 얼마나 회개했는지 모른다. 수술 후 회복되는 동안 많은 육신의 고통을 겪게 되었고, 그 고통의 긴 시간을 통해서 하나님께서는 나를 천천히 기도의 용사로 회복시키셨다.

   위암 수술 후 병실에서 기도하는 중에 환상을 보여주셨는데, 팔길이 정도 되는 폭이 좁고 일정한 투명한 얇은 비닐 파이프 같은 것이 동그란 쟁반 위에 차곡차곡 겹쳐져 쌓여있었다. 그런데 끝단 부위에 절단된 흔적이 있었고 그 절단된 부위가 실로 곱게 꿰매어 이어져 있었다. 수술 전 나는 위 일부만 절제한다고 알고 있었기에, 이 환상을 본 후에 이상해서 둘째 딸에게 어떻게 된 일인지 물었더니 내가 실망할까 봐 처음에는 주저주저하면서 이야기하지 않다가 계속해서 독촉했더니 조그만 소리로 마지못해 위 전체를 절제했다고 얘기해 주었다. 하나님께서는 이처럼 환상을 통해서 위를 치료해 주시는 과정을 선명하게 보여주셨고 위 수술의 결과도 보여주셨지만 나의 믿음 없음이 문제였다.

† 병실에서 보여주신 아기천사

위암 수술 후 6명이 있는 병실에서 거의 밤낮으로 기도하던 중에 병실 천장에 3명의 아기천사가 서로 팔을 양쪽으로 펼치고 믿는 자들을 지키고 있는 환상을 보여주셨다. 이 환상을 보기 전까지는 병실에 환자 중 누가 예수님을 믿는지 몰랐는데, 이 환상을 본 후 확인했더니 나를 포함해서 세 사람이 믿는 자였다. 그래서 그분들에게 "우리 믿는 자들은 아기천사가 우리 각 사람을 지키고 있으니 걱정하지 말라"고 간증했더니 맞은편에 있던 할머니가 "아멘!"으로 화답했다.

이 환상을 통해 우리 믿는 자에게는 각사람 마다 천사가 함께하신다는 성경 말씀을 확증할 수 있었다. 참으로 놀랍고 신비로운 체험이었다.

삼가 이 작은 자 중의 하나도 업신여기지 말라 너희에게 말하노니 그들의 천사들이 하늘에서 하늘에 계신 내 아버지의 얼굴을 항상 뵈옵느니라 (마태복음 18장 10절)

할렐루야! 하나님께 감사와 찬양과 영광을 올려드립니다!

† 위암 수술 3년 후에 찾아온 늑막염

위암 수술 후 3년 정도 지났을 때, 자꾸 숨이 차서 동네 병원에 갔더니 별 이상이 없다고 했다. 그런 후에도 계속 숨이 차면서 등 부위가 마치 갈라지는 것처럼 심한 통증이 와서 급히 아산병원 응급실에 가서 진단받은 결과 늑막염이었다. 담당 의사는 큰 링거병으로 5병 정도 뽑아내야 할 것 같다고 하면서 "어떻게 이 조그만 할머니 가슴에 이렇게 많은 물이 차 있느냐"며 안타까워했다.

병원에 입원해서 하루건너 한 병씩 큰 주사기로 고인 물을 3병이나 뽑아낸 어느 날, 교회 권사님 두 분이 병문안을 와서 기도해 주는 중에 환상을 보여주셨는데, 하나님께서 내 배꼽 있는 곳에 'ㄱ'자로 된 긴 파이프를 갖다 대신 후에 내가 파이프에 달린 수도꼭지처럼 생긴 것을 손으로 돌리니까 맑은 물이 퐁퐁 쏟아져 나오는 신비로운 환상이었다. 놀랍게도 이 환상을 본 후에 더 이상 물을 뽑지 않게 되었고, 늑막염도 깨끗이 회복되었다.

이것을 통해 우리가 아픈 환우를 위해서 기도할 때 기도하는 자나 기도를 받는 자 모두가 합심하여 기도하고 믿음으로 받을 때, 하나님의 놀라운 치유의 역사를 체험한 사건이었다.

할렐루야! 하나님께 모든 감사와 찬양과 영광을 올려드립니다!

† 담석증을 통한 임사 체험

늑막염이 치유되고 3년이 지난 어느 날 이번엔 담석증이 찾아왔다. 처음에는 통증이 왔다가 사라지고 다시 통증이 오기를 2차례 반복하다가 3번째 통증이 찾아왔을 때 고통이 너무너무 심하다 보니 잠시 기절했는데, 이때 잠시 내 영혼이 육신에서 빠져나오는 임사 체험을 했다.

참으로 신기했다. 나도 내 영혼이 언제 빠져나왔는지 모를 정도로 내 영혼이 육신을 순식간에 빠져나와서 방 천장에 닿지 않을 정도로 공중에 떠 있었는데 내 영혼이 방바닥에 누워있는 내 육신을 바라보고 있었다.

둘째 딸이 방 안으로 달려 들어와서 누워있는 내 육신을 막 흔들면서 "엄마! 엄마!" 하면서 울고 있는 모습을 바라보고 있으면서도 나는 마음속으로 (내 영혼이 육신을 빠져나온 것도 인식하지 못한 채) '아니 남임이가 저기서 왜 울고 있지?'라고 생각하는 순간, 나도 모르게 내 영혼이 다시 육신으로 들어갔는데 언제 그랬는지는 나도 모른다. 그런데 내 영혼이 육신으로부터 빠져나와 있는 그 순간에는 육신의 고통을 전혀 느끼지 못했고 모든 것이 그렇게 평안할 수 없었다.

그런 후, 내가 다시 깨어난 곳은 아산병원 응급실이었다. 정신을 차려보니 목이 뻣뻣해서 왜 그런가 하고 둘러보았더니 얼음 베개가 목 뒤에 있었고 팔에는 링거 바늘이 꽂혀있었는데 혈압이 너무 낮게(80/40) 떨어지다 보니 응급조치를 한 것이라 했다.

이것은 나의 영혼이 육신에서 벗어나는 신비로운 체험이었다. 이렇게 하나님께서는 나의 생명을 다시 연장해 주셨다. 우리의 생명은 하나님께 달려있음을 다시 한번 체험하게 되는 은혜로운 시간이었다.

할렐루야! 하나님께 모든 감사와 찬양과 영광을 올려드립니다!

† 하나님의 이름을 망녕되이 부른 죄

교회 권사들과 같이 야유회 겸 유성온천에 갔을 때였다. 하룻밤을 머물기 위해 모두 숙소에 들어가서 씻고 누워있는데, 어떤 권사님 한 분이 이렇게 말하는 것이었다.

본인이 기도 받으러 가면, 기도자가 자기에게 병 고치는 은사를 가지고 있다고 말했다면서 "여기 누구든지 기도 받고 싶은 사람?" 하고 묻는 것이다. 왜 그랬는지 나도 모르게 손을 들면서 "나!" 하면서 마치 장난하듯 경솔하게 대답했다.

그러고 나서 그 권사님이 나를 위해 기도해 주었는데, 그때부터 도대체 숨을 내쉬기는 해도 숨을 들이마시는 것이 정말 힘들었다. 너무 고통스러워 약국에 가서 관련된 모든 약을 먹었지만 증상이 전혀 좋아지지 않았다. 오죽하면 독하다는 담약까지 먹어보았지만 역시 아무런 도움이 되지 못했다.

너무나 고통스러운 하루하루를 보내고 있었기에 만나는 사람마다 "권사님, 얼굴이 안 좋아 보이는데 혹시 어디 아픈 것 아니세요?"라고 걱정하는 것이다. 참고로 나는 아무리 아파도 얼굴에는 아픈 표시가 잘 나지 않기에 사람들은 내가 아프다는 것을 겉모습으로는 잘 알지 못한다.

그렇게 몇 개월을 고생하던 중에, 기도 가운데 하나님께서 나의 잘못을 알려주셔서 바로 하나님 앞에 나의 죄를 항복하고 회개했는데, 바로 그 순간 내가 언제 아팠나 할 정도로 즉시 회복시켜 주셨다. 정말 놀랍고 신비로운 체험이었다. 이러한 하나님의 역사를 사람들에게 말한다면 믿을 수 있을까?

더욱 놀라운 것은 내가 회복되자마자 나에게 기도해 준 권사님에게 전화해서 모든 상황을 설명하고 "권사님도 그 죄를 회개하세요"

라고 말하려고 하는데, 내가 그 말을 미처 꺼내기도 전에 본인도 거의 같은 시간에 하나님께서 잘못한 것을 알려주셔서 회개했다고 고백하는 것이 아닌가!

비록 육신적으로 심한 고통을 겪었지만 "하나님의 이름을 망녕되이 부르지 말라!"라는 십계명 중 세 번째 계명을 머리가 아닌 체험을 통하여 깨닫게 된 잊지 못할 사건이었다.

혹시나 이런 경우가 생기면 이것을 꼭 기억하고, 나와 같이 이런 죄를 범하지 않기를 간절히 바랄뿐이다.

> 할렐루야! 저의 지은 죄를 알려주시고 회개하게 하시며
> 회복시켜 주신 하나님께 감사와 찬양과 영광을 올려드립니다!

† 남편 소천 전 임하신 하나님의 평안

남편은 위암으로 소천하기 한 달 전까지도 계속해서 사무실에 출근했다.

그러던 어느 날, 지금까지 평생 남편만 의지하면서 살아왔는데 남편이 소천하면 이제 나 홀로 어떻게 살아갈 수 있을까 생각하면

서 갑자기 큰 두려움이 몰려오기 시작했다. 그러던 중 수요예배에 참석했는데, 예배가 시작되기 전 앉아서 기도하는 중에 하나님께서 흑장미 환상을 보여주셨다.

교회 강단 위에서 흑장미를 잡은 손이 보이면서 하나님께서 이것을 붙들라고 말씀하시는데, 올려다보니 강단이 너무 높기에 "하나님, 저는 못 올라가요"라고 말씀드렸다. 하나님께서 네 손을 내밀라고 하셔서 손을 내밀었더니 몸이 쑤욱 올라가면서 흑장미를 잡을 수 있었다. 흑장미를 손으로 잡은 후에 "잡았나이다!"라고 말씀드렸더니, 하나님께서 "오!" 하는 음성을 들려주시면서 흑장미를 잡고 있던 손을 놓으셨다. 너무나 기쁜 마음으로 집에 돌아와서 신발을 벗기도 전에 며느리에게 흑장미에 관해 물어보았는데, 장미 중에서 가장 값진 것이 흑장미라고 얘기해 주었다.

그런 환상을 본 후부터는 예배당 안에 들어가면 나의 눈길은 자동적으로 그곳을 향했고 나도 모르게 그 환상이 떠올라 내 마음은 하나님께서 주시는 평안으로 가득 채워졌다.

놀랍게도 이 흑장미 환상을 본 후부터는 내 마음속에 가득했던 두려움과 근심이 언제 그랬냐 싶을 정도로 전혀 기억조차도 나지 않으면서 내 마음과 생각을 하나님의 평안으로 충만하게 채워주셨는데, 이것을 통해 비로소 하나님께서 주시는 평안이 어떤 것인지를 맛보아 알게 된 것이다. 이것 역시 말로 다 표현할 수 없는 신비로운 체험이었다.

할렐루야! 하나님께 감사와 찬양과 영광을 올려드립니다!

† 예수 그리스도 이름의 놀라운 능력 – 세 번의 체험

첫 번째는 귀신 두 마리가 쫓아오는 꿈속에서였다.

하나는 머리를 땋은 처녀 귀신이었는데 눈, 코, 입이 없고 얼굴 바탕만 있었다. 다른 하나는 머리를 말아 올린 귀신이었고 눈, 코, 입이 다 있었는데 내가 물속에서 무서워서 막 도망가니까 계속해서 쫓아오길래 너무 다급한 나머지 나도 모르게 "나사렛 예수 그리스도의 이름으로 명하노니 썩 물러갈지어다!"라고 했더니, 귀신 두 마리가 기운을 못 차리면서 그 형체가 흔적도 없이 사라져 버렸다. 예수님의 이름의 놀라운 능력을 체험한 신비로운 꿈이었다.

두 번째는 대구에 사는 큰딸이 새집으로 이사했을 때였다.

둘째 딸과 함께 새로 이사한 큰딸 집에 방문했는데, 첫날 밤 둘째 딸이 꿈속에서 여자들이 나타나서 팬티를 자꾸 벗기려고 해서 한숨도 자지 못했다고 했다. 다음 날, 내가 기도하는 가운데 머리를 풀어헤친 여자 마귀 다섯 마리를 보았는데, 그때 "나사렛 예수의 이름으로 명하노니 썩 물러갈지어다!"라고 선포하자마자 성령의 바람이 집안에서부터 밖으로 불기 시작하는데, 마귀 다섯 마리 중 세 마리는 맥도 못 추고 성령의 바람에 의해 밖으로 날아가 버렸고, 남은 두 마리는 악착같이 버티고 있었다. 계속해서 기도하니 그중 한 마리도 밖으로 날아갔는데, 마지막 남은 한 마리가 끝까지 창틀을 손으로 붙잡고 버티고 있었다. 마귀의 머리카락은 거의 다 밖으로 나가 있는 상태에서 악착같이 버티고 있었다. 계속해서 기도하니까 마침내 성령의 강한 바람에 창틀을 잡고 있던 마귀가 손을 놓아버리고 멀리 날아가 버렸다. 나중에 알고 보니, 그 집은 과거에 젊은 여자들을 요정으로 보내기 전에 잠시 머무르는 집으로 사용했었다고 한다.

세 번째는 2023년 최근 일이다.

나와 함께 살고 있는 둘째 딸의 다가구 주택에, 딸 가족과 나는 2층에 살고 1층은 월세를 주었는데 개인 헬스장으로 사용하고 있다. 내가 밤에 자려고 눈을 감고 있다가 눈을 뜨면 머리카락을 산발한 여자의 머리가 천장에 둥둥 떠다니는 것이 보였다. 내가 "나사렛 예수의 이름으로 명하노니 악한 사탄은 물러갈지어다!"라고 선포했더니, 처음에는 산발한 여자의 머리가 왔다 갔다 하기에 계속해서 예수님의 이름을 선포하니까 밖으로 빠져나갔다. 요즘도 가끔 밤에 나타나는데, 이제는 예수님의 이름만 선포하면 즉각 도망간다. 이상해서 둘째 딸에게 이야기했더니, 아래층 헬스장에 운동기구만이 아니라 침대도 있는 것을 보았다며 가끔씩 여자가 온다고 했다. 이 헬스장 바로 위가 내가 머무는 방이다.

참으로 하나님께서는 기도하는 자에게 모든 것을 알려주시며 하나님 앞에는 아무것도 숨길 수 없다는 것과, 예수님의 이름의 놀라운 능력을 깨닫는 체험이었다.

† 대표기도 중 기도자에 대해 보여주신 환상

한번은 수요예배 시간에 어떤 남자 집사님이 대표기도를 하는데, 환상 중에 그 집사님 입에서 피가 나오는 것을 보여주셨다.

나는 그 집사님에 대해서 별로 아는 것이 없었기에 그냥 이상하다고만 생각했다. 그분과 친밀한 관계도 아니었기에 자세한 것을 묻기도 어려워서 그냥 혼자서만 무슨 일이 있는가 보다 생각하고 있었다. 나중에 심방 가는 길에 차 안에서 환상 본 이야기를 했더니, 한 권사님이 그 집사님이 지금 폐병 3기라고 말해주어서 그때부터 집사님을 위해 함께 기도하기 시작했다.

✝ 어느 장로님 부부에 대한 환상

내가 병원에 입원하고 있을 때였다.

기도 중에 ○○○ 장로님의 얼굴을 보여주셨는데, 얼굴이 좋아 보이지 않아서 무슨 일이 있으신가 하던 차에 바로 그 ○○○ 장로님 부부가 병문안을 오셨다. 부인 권사님에게 혹시 ○○○ 장로님에게 무슨 일이 있느냐고 물었더니, 어떻게 아셨냐고 하면서 기존에 살던 집을 개조하는데 개조 공사를 다 마친 후 구청에서 허가가 나오지 않아 마음고생을 많이 했다고 알려주었다.

또 한번은 ○○○ 장로님 부부에게 결혼한 딸이 있는데, 아이가 생기지 않아 애타게 기다리고 있다면서 기도해 달라는 요청을 받고 기도하는 중에, 딸의 태에 아이가 있는 환상을 보여주셨다. 부인 권사님이 심방 오셨길래, 혹시 딸 부부에게 아이가 있는지를 물었더니 잘 모르겠다고 답하길래 당장 병원에 가서 알아보라고 했다. 가서 진단해 보니 임신했다는 연락이 왔는데 서로 얼마나 기뻐했는지 모른다.

할렐루야! 새 생명을 주신 하나님께
모든 감사와 찬양과 영광을 올려드립니다!

† 우리의 억울함을 다 아시는 하나님 – 세 번의 체험

첫 번째는 교회에서 구역을 맡고 있을 때였다.

우리 구역 집사님 아들이 그 당시 대학에서 학생 회장직을 맡고 있었는데 갑자기 삼청교육대에 입대하라는 통보를 받았다는 것이다. 나는 집사님을 위로하기 위해 "이제 곧 풀려날 테니 걱정하지 말고 우리 함께 기도하자"고 이야기했는데, 그 집사님이 아무런 이유도 없이 갑자기 돌변해서 길거리에 서서 나를 향해 삿대질하면서 욕을 하는데, 평생 싸움이라곤 해본 적이 없던 나는 너무 놀라 그저 멍하니 서서 말 한마디 못하고 그냥 다 듣고만 있을 수밖에 없었다. 그런 일을 당하고 나서 집에 오려고 하니 온몸이 벌벌 떨려서 도저히 그 상태로 올 수가 없어 그때 옆에서 그 일을 다 목격했던 권사님 집에 가서 "권사님, 내가 도저히 이 상태로는 집에 가지 못할 것 같아 여기서 잠시 마음을 진정시킨 후에 가야 할 것 같다"고 했더니, 그 권사님도 잘 오셨다고 하면서 그렇지 않아도 본인도 많이 걱정했다며 흔쾌히 들어가게 해주었다. 그렇게 그 권사님 집에서 한참을 머물면서 마음을 진정시킨 후에야 겨우 집에 돌아올 수 있었는데, 그 후에 누구에게도 이것에 관해 이야기하지 않았고 그 집사님에 대해 비방하지도 않았다. 그러나 하나님께서는 내가 당한 모든 수모와 억울함을 다 알고 계셨다. 나중에 그 집사님이 많이 아프다는 이야기를 듣고 심방을 갔는데, 집사님이 그때 본인이 잘못했노라고 사과하면서 용서를 구했다. 나도 그 집사님의 회복을 위해서 기도했다.

두 번째는 전화와 관련된 일이다.

교회 권사 한 분이 잘못된 소문을 듣고 상황 파악도 제대로 하지 않은 채, 내게 전화를 걸어 일방적으로 본인의 이야기만 쏟아부은 후에 전화를 끊어버린 일이었다. 내가 그 상황에 대해 자초지종 이야기를 하려고 했지만 도무지 들으려고 하지 않았다. 그때 나는 위암 수술을 하고 난 후라 몸도 온전치 못한 상태였는데, 전화를 받은 후에 마음이 벌벌 떨리면서 이 상황을 어떻게 해결해야 할지 몰랐다. 참 많이 억울했지만 일체 대응하지도 않았고, 그 일에 대해 누구에게도 말하지 않았다. 그렇지만 하나님께서는 내가 당한 모든 억울함을 다 알고 계셨다. 하나님께서 내가 잘못했을 때 그 잘못을 알려주신 것처럼 그 권사님의 마음을 찔러주셔서 깨닫고 회개하도록 긍휼을 베풀어 주시기를 기도할 뿐이다.

세 번째는 단독주택에 살 때 일어난 일이다.

우리 옆집이 식품 가게를 하고 있었는데, 여름철에 생선 상자와 각종 쓰레기를 우리 집 들어오는 입구에 쌓아놓다 보니 파리가 들끓을 수밖에 없었다. 맏딸 사돈 부부와 사위 등 손님들이 오고 갈 때라 부끄러운 마음이 들어 생선 상자를 좀 다른 곳으로 옮겨달라고 가게 주인에게 부탁했더니, 얼마나 난리를 치는지 놀라서 말 한마디 못하고 부엌에 들어와 벌벌 떨면서 먼 곳만 멍하니 바라보고 있을 때였다. 남편이 퇴근하고 와서 무슨 일이 있었느냐고 물어보길래 자초지종을 얘기했더니, 바로 가게 주인에게 가서 난리를 치고 왔다.

그런데 다음 날, 가게 주인 아내가 갑자기 앉은뱅이가 되어 밖에 나오지를 못한다고 했다. 가게 주인이 나에게 와서 사과하고 나도 그 아내의 회복을 위해 기도했을 때, 감사하게도 하나님께서 그 아내를 회복시켜 주셨다.

할렐루야! 하나님께서는 우리 약한 자의 모든 억울함을 다 아시고 갚아주시는 분이심을 체험으로 고백하며 찬양합니다!

† 하나님께서 인정해 주신 인내성

하나님께서 나의 모든 것을 알고 계신다는 것을 알게 된 계기가 있었다.

한번은 기도 중에 하나님께서 "너는 어떻게 그렇게 참을성이 많으냐!"라고 말씀하실 때 나는 깜짝 놀랐다. 아니 하나님께서 어떻게 내가 예수님을 믿기 전 시집살이를 하면서 당한 모든 어려움과 억울함을 다 아신단 말인가? 나는 지금까지 살아오면서 시집살이 이야기를 아무에게도 말한 적이 없었기에 심지어 가족들은 물론 남편과 시집 식구들조차 잘 모른다.

시집살이할 때 혹시 친정어머니라도 살아계셨더라면 어머니에게는 이야기했을지 몰라도, 어머니도 안 계셨고 맏딸에 동생들도 어렸기에 이야기를 나눌만한 상대도 없었다. 더욱이 새어머니에게 이야기한다는 것은 내 자존심이 허락하지 않았다.

그러나 하나님께서는 내가 살아오면서 겪은 그 모든 것 하나하나 나의 마음속 깊은 곳까지도, 심지어 내가 잊어버리고 있던 것까지도 세밀하게 다 알고 계셨다. 그러시면서 그동안에 혈기 부리지 않고 인내로 살아왔던 나를 인정하고 칭찬해 주시니, 시집살이하는 동안 당했던 모든 억울함과 상처가 눈 녹듯이 다 녹아내리는 희한한 경우도 체험하게 하셨다.

하나님 아버지, 감사합니다!
하나님께서 칭찬해 주시고 인정해 주시는 것보다
더 큰 축복이 어디 있을까요?
할렐루야! 하나님께 감사와 찬양과 경배를 올려드립니다!

† 하나님께서 들려주신 "내가 너를 사랑한다!"

기도 중에 하나님께서 "내가 너를 사랑한다!"라는 말씀을 몇 번이나 들려주셨다.

나 자신에게 질문하기를 '도대체 내가 무엇을 했기에 하나님께 사랑을 받을 자격이 있단 말인가!'를 생각하고 또 자신에게 물어보기를 수 없이 반복했다.

참으로 부족한 인생, 보잘것없는 인생을 하나님께서 이렇게 사랑한다고 말씀해 주시니 몸 둘 바를 모르겠다. 이것이야말로 우리가 받을 수 있는 최고의 축복이 아닌가!

할렐루야! 하나님께 감사와 찬양과 영광을 올려드립니다!

† 하나님이 너무 보고 싶어 울다

2017년 어느 날의 일이다.

한번은 하나님께 너무 가고 싶어서 울었던 적이 있었는데, 이것이 너무 신비로워서 기도 노트에 기록해 놓았다. 이것을 얘기하면 누가 믿겠는가? 오직 하나님과 나 사이만 아는 비밀이다. 그 누구도 이것을 경험하지 않고서는 알 수가 없다.

* 기도 노트에서 (2017년 3월 24일)
금요일 이날 주님이 왜 그리 보고 싶은지 울었다.

† 죽음에 대한 환상 - 두 번의 체험

첫 번째는 기도 가운데 보여주셨던 환상이다.
내가 기차역에 있었는데 기차에 탑승하려면 이름을 꼭 써야 한다고 해서 맨 처음에는 붓으로 이름을 쓰려고 했다. 그런데 아무리 붓에 먹물을 묻히려고 해도 먹이 묻지 않기에 다음에는 볼펜으로 쓰려고 하는데, 역시 잉크가 나오지 않아 볼펜의 뾰족한 심을 꼬옥 누르면서 쓰려다 보니 종이만 찢어졌다. 마음이 급해서 거기에 있는 안내자에게 왜 볼펜에 잉크가 나오지 않느냐고 말했더니, 막상 안내자가 쓰면 잉크가 잘 나오는 것이었다. 그래서 또다시 지금은 사용하지 않지만 오래전에 잉크를 찍어서 쓰는 펜촉 펜으로 잉크를 찍으려고 잉크 병에 넣어도 도무지 잉크가 묻지 않았다. 그러다가 결국 이름을 쓰지 못해서 기차를 놓치고 말았는데, 그때 마침 기차가 막 기적을 울리면서 떠나갔다. 기차 놓친 것이 너무 안타까워서 멀리 떠나가는 기차를 계속해서 바라보는 환상이었다. 둘째 딸이 해석하기를 "엄마는 아직 하늘나라 갈 때가 안되어서 그런 것 같다"고 했는데 하나님께 여쭈어 보았더니 "그렇다"고 말씀하셨다.

우리의 생명은 하나님께 달려있음을 다시 한번 체험하게 된 놀랍고 신비한 환상이었다.

할렐루야! 하나님께 모든 감사와 찬양과 영광을 올려드립니다!

두 번째는 둘째 딸 구의동 집에 있을 때였다.
꿈속에서 내가 구의동 사거리에서 아차산역 쪽으로 향해 걸어가고 있는데 뒤에서 잠바를 입은 한 청년이 따라오고 있었다. 가는 길 주변에는 까맣고 길쭉한 돌들이 깔려있었는데, 내가 지나가니까 벌떡벌떡 일어나는 것이다. 하도 신기하고 궁금해서 이 까맣고 길쭉한 돌들이 무엇인지 뒤에 따라오는 청년에게 물어보았더니, 이것들은 다 죽은 영혼들이라고 했다. 그래서 생각하기를, 분명히 죽은 영혼들이 내가 지나간다고 일어나지는 않을 것 같다는 생각에 '그럼 뒤에 따라오는 청년이 바로 하나님께서 변장해서 나타난 분이 아닐까?'라는 생각이 들어 여쭈어보려는데 어느새 사라지고 안 보였다. 그런 후에 목적지인 아차산역 쪽으로 가려고 하는데, 어떤 사람이 그곳을 포장으로 덮으면서 오늘은 다 마감되었다고 말하는데 오늘 와야 할 사람들이 다 왔다는 의미 같았다. 이 땅에서 나의 남은 날이 얼마나 될지 잘 모르겠지만, 아마도 구의동 사거리에서 아차산역 조금 지나는 정도의 거리만큼 내 삶의 날이 남은 것이 아닐까 생각했다.

† "하나님께서 영접해 주시겠다"는 음성을 듣다

이번 일은 기도 중에 일어난 일이다.

하나님께서 "네가 하늘나라 올 때 내가 마중 나갈까?"라고 말씀하셨다. 나는 도저히 감당할 수가 없다는 생각에 내 몸을 오그리면서 "어휴! 하나님 저는 감당할 수 없어요"라고 말씀드렸더니, 하나님께서 "그러면 좋은 천사 둘을 보내줄까?"라고 말씀하셨다. 나는 이것도 감히 감당하기 어려워서 "하나님, 저는 그것도 감당할 수가 없어요"라고 말씀드렸더니, 하나님께서는 잠잠히 아무 말씀이 없으셨다.

그 후 약 1년 정도 지나서 하나님께 "하나님, 제가 하늘나라 갈 때 좋은 천사 한 분만 보내주세요"라고 말씀드렸더니, 하나님 뒤편에서 천국 백성들이 말하는 소리가 들리는데 "이제는 좋은 천사 한 분만 보내달라고 하네"라며 기뻐서 말하는 소리와 함께 난리가 났다.

참으로 신비스럽고 놀라운 경험이었다. 이런 놀라운 신비를 어떻게 말로 다 표현할 수가 있을까?

> 할렐루야! 하나님께 모든 감사와 찬양과 영광을 올려드립니다!

† 하나님께 가고 싶다고 말씀드렸을 때

92살 되던 해에 일어난 일이다.

갈비뼈와 고관절에 금이 가서 아프고 고통스러웠을 때 기도 중에 "하나님, 이제는 하나님께 가고 싶어요"라고 말씀드렸더니 하나님께서 "너 같은 사람이 이 세상에 또 있을까!" 하시면서 먼 산을 바라보시며 탄식하시더니 "모두가 이 세상이 좋다고 하는데 너는 나한테 오고 싶어?" 하시면서 기뻐하셨던 하나님의 음성이 지금도 생생하다.

† 딸들을 위한 기도의 응답 체험들

맏딸에 대한 간증

대구에 사는 첫째 딸이 갑상샘암으로 수술한다는 소식을 듣고 기도하는 중에, 하나님께서 소나무 솔잎에 수없이 많은 물방울이 초롱초롱 달려있는 환상을 보여주셨는데, 기도하는 중에 그 많은 물방울이 다 떨어지는 것이었다.

나중에 맏딸이 수술한 후에 의사로부터 들은 이야기인즉, 딸의 갑상샘에서 많은 혹이 발견되었다고 했다. 하나님께서 이렇게 많은 갑상샘 혹들을 깨끗이 치료해 주신 놀랍고 신비로운 환상이었다.

감사하게도 큰딸은 수술 후 깨끗이 회복되어 지금까지 건강하게 잘 지내고 있다.

할렐루야! 하나님께 모든 감사와 영광을 올려드립니다!

갑상샘 수술 후 얼마 되지 않아 맏딸로부터 또 유방암이라는 연락을 받고서 얼마나 낙담이 되었는지 모른다. 연락을 받고 바로 기도하는 중에, 하나님께서 유방암이 발생한 부위에 구멍을 뚫어서 화장하는 솔 같은 것으로 구멍 깊은 곳까지 깨끗이 청소해 주는 환상을 보여주셨다.

큰딸이 서울 아산병원에서 수술을 받기로 하고 수술 전 문제 부위를 가슴에 표시한 후에 우리 집에 왔을 때 만딸이 표시한 부위를 보여주기 전에, 나는 하나님께서 환상 가운데 보여주신 그 부위를 가리키면서 여기가 아니냐고 얘기했더니 만딸이 깜짝 놀라면서 "엄마, 어떻게 아셨어요?" 하면서 표시한 부위를 보여주는데, 하나님께서 환상 가운데 보여주신 그 부위와 정확하게 일치했다.

할렐루야! 생각하면 생각할수록 놀라운 하나님의 신비였다!

큰딸이 유방암 수술을 은혜 가운데 잘 마치고 회복되어 잘 지내고 있던 어느 날, 한 통의 전화가 걸려왔다. 이번에는 눈썹 부위가 부풀어 올라 대구에 있는 대학병원에 갔더니 희귀병이라고 했다는 것이다. 갑상샘암에, 유방암에, 이제는 희귀병이라는 이야기를 들었을 때, 어머니로서 내 마음이 어떠했을지 짐작이 될 것이다.

그러나 우리는 어떠한 상황에서도 하나님께 기도할 수 있는 특권을 가진 하나님의 자녀가 아닌가! 이렇게 만딸의 문제를 놓고 기도하는데 환상 중에 하나님께서 큰딸의 귀 하단부 뒤에 손을 대시고 기도해 주시는 환상을 보여주셨다.

나중에 큰딸에게 보여주신 환상을 얘기해 주었더니, 큰딸이 "엄마, 맞아요!" 하면서 증상이 처음에는 귀밑에서 시작해서 눈썹 부위로 옮겨갔다고 하는 것이 아닌가! 참으로 하나님은 우리의 모든 것을 알고 계신다.

이렇게 하나님께서 귀밑에 손을 대고 기도해 주신 후에 더 이상 어떤 의사의 수술과 치료 없이 하나님께서 직접 치료해 주시는 놀랍고 신비로운 은혜를 체험한 것이다.

할렐루야! 하나님께 모든 감사와 찬양과 영광을 올려드립니다!

4남매를 위해 기도하려고 눈을 감으면 큰딸부터 기도를 시작하는데, 가장 먼저 아주 깊고 시커먼 구덩이 같은 것을 보여주셨다. 아마도 성경에 나오는 '무저갱'이라는 것이 이것이 아닐까 생각한다.

그런데 이것을 볼 때마다 내 마음이 너무 좋지 않아서 "하나님 아버지, 큰딸의 저 시커먼 구덩이 좀 없애주세요!"라고 기도드린다. 그 환상을 본 후에 계속해서 큰딸에게 믿음 생활 좀 제대로 하라고 경책했다. 큰딸이 교회를 오래 다녔고, 권사라는 직분도 받았지만 믿음이 자라는 것 같지 않았다. 이야기를 들어보면 예배와 교회 모임에는 열심히 참석하지만 형식적인 예배와 세상의 자랑과 안목의 정욕으로 가득 찬 모임 같았다.

전부터 올바른 교회로 옮길 것을 권고했지만 그동안 쌓아온 친분 때문에 어려워했는데, 몇 년 전에 큰 결심을 하고 새로운 교회로 옮긴 후부터 제자훈련과 사역훈련을 받으면서 올바른 신앙인으로 변화되어 가고 있는 것 같다.

그 증거로, 내가 기도할 때마다 보이던 그 깊고 시커먼 구덩이가 더 이상 보이지 않는 것이다.

할렐루야! 하나님께 감사와 찬양과 영광을 올려드립니다!

둘째 딸에 대한 간증

둘째 딸이 임신하지 못함을 두고 내가 기도하는 중에 하나님께서 환상 가운데 아이가 착상되는 모든 과정을 선명하게 보여주셨다.

그런데 착상된 것을 모르는 둘째 딸이 대구에서 지어온 임신에 좋다는 한약을 먹으려고 하길래, 내가 먹지 말라고 했더니 "하나님이 살아계시면 왜 아이를 주지 않으시냐?"고 말하는데, 딸의 이 말에 그렇게 참을성이 많은 줄 알았던 내가 왜 그렇게 화가 머리끝까지 치솟는지 도무지 알 수가 없었다.

그때는 내가 위암 수술을 한 후라, 점심 식사를 때에 맞추어 먹지 않으면 쓰러질 수도 있음에도 나는 무조건 집 밖으로 뛰쳐나갔다. 한강 변에 가서 의자에 앉아 한참 동안 한강을 바라보며 하나님께 기도했는데, 나중에서야 이것이 바로 사탄의 역사였음을 알게 되었다.

둘째 딸이 나를 찾으려고 여기저기 막 수소문을 하다가 연락이 되지 않으니 한강까지 나를 찾으러 왔다. 만약 이때 내가 참지 못하고 화를 내었다면, 기도 응답받은 것이 취소되었을지도 모른다.

참으로 사탄의 역사는 다양한 방법으로 찾아오며 나의 힘으로는 도저히 이길 수 없음을 깨닫고, 오직 기도함으로 예수님께만 도움을 구해야 한다는 것을 체험한 중요한 사건이었다.

하나님, 저는 사탄의 시험을 감당할 수 없사오니
그때마다 주님을 찾고 구하도록 예수님 도와주세요!

어느 날, 둘째 딸이 이번에는 유방암에 걸렸다는 이야기를 듣고 하나님께 기도하는 중에 환상을 보여주셨다. 하나님께서 둘째 딸 유방의 아픈 부위에 양쪽 손가락을 대면서 짜주시는데, 그 안에서 손가락 한 마디 정도 되는 알맹이가 툭 튀어나왔다. 그런 후에도 하나님께서 손을 떼지 않으시고 계속해서 손을 대고 계셨는데, 그 이유가 딸의 배 안에 있는 모든 장기를 다 치료해 주어야 한다고 하셨다.

그렇게 유방암 수술과 치료를 받던 중 산부인과에서 난소검사를 했는데, 난소에 혹이 있다며 난소암은 유방암보다 더 무섭다고 하면서 혹을 제거하는 수술을 해야 한다고 했다.

그러나 우리는 하나님께서 배 안에 있는 모든 장기를 다 치료해 주셨음을 보여주셨기에 수술하지 않겠다고 했다.

그 후 5년 동안 정기점검을 받은 후에, 의사는 더 이상 수술받지 않아도 되므로 더 이상 병원에 올 필요가 없다고 했다. 지금까지 10년이 지났지만 둘째 딸은 하나님의 은혜 가운데 건강하게 잘 지내고 있다.

할렐루야! 하나님께 모든 감사와 찬양과 영광을 올려드립니다!

셋째 딸에 대한 간증

3년 전 대구에 사는 셋째 딸의 건강에 큰 위험이 닥쳐왔었다.

셋째 딸이 서울에 방문하러 왔을 때, 자꾸 속이 메스껍고 두통도 있으며 토하기도 하면서 목 뒤에도 통증이 있다고 했다. 그래서 동네 병원에 갔는데 의사가 목 뒤를 눌렀을 때 통증이 심하다고 했지만 근육통 같다고 하면서 진통제를 처방해 주었고 약 복용 후에 통증이 사라졌다. 혹시나 해서 인터넷에도 들어가 확인해 보았는데, 이런 증세가 있으면 심각한 상황일 수도 있으니 조심해야 한다고 쓰여있었지만 그냥 대수롭지 않게 넘어갔다.

그 후, 서울에서 며칠을 더 지내다 둘째 딸이 셋째 딸과 함께 대구로 내려갔는데 마침 셋째 딸이 복용하고 있는 고지혈증약이 떨어져서 약을 처방받기 위해 자주 가는 병원에 갔다고 한다.

거기서 서울에서 있었던 증상을 얘기했더니, 신경외과로 급히 가보라고 했다는 것이다. 그곳에서 MRI를 찍었는데 결과가 심각하니 급히 택시를 타고 경북대 응급실로 가라고 했지만 대수롭지 않게 생각하여 전철을 타고 응급실로 걸어 들어가서 신경외과에서 찍은 MRI 결과를 주었더니 깜짝 놀라면서 바로 입원시켜 주었다. 담당 의사가 이런 상태에서 응급실에 걸어서 들어온 경우는 처음 본다고 하면서, 셋째 딸에게 아무것도 하지 못하게 했다. 심지어 고개조차도 움직이지 말라고 하면서 식사도 사람을 시켜서 떠먹여 주었다.

검진 결과, 뇌동맥 박리라고 했다. 혈관의 내벽은 3개의 벽으로 구성되어 있는데 2개의 벽이 박리되어 그 부위가 풍선처럼 부풀어 올라 있었다. 나흘 동안 입원해 있으면서 부풀어 오른 부위가 많이 가라앉은 것을 확인한 후에 퇴원했다. 그런 후 서울에 있는 아산병원에서 초정밀 MRI를 찍은 결과, 수술하지 말고 일단 지켜보자고 했다.

다음 달에 MRI를 한 번 더 찍은 후 6개월마다 찍고 있는데, 4년이 지난 지금까지도 수술하지 않고 문제없이 단지 아스피린과 기존에 먹고 있는 고지혈증약만 복용하며 지내고 있다. 담당 의사가 뇌동맥 박리환자 중 약 20% 정도가 수술하지 않아도 되는 경우가 있는데 셋째 딸이 여기에 해당한다고 했다.

이때도 셋째 딸을 위해 하나님께 기도하는 중에 환상을 보여주셨는데, 팔뚝에 빨대 같은 대롱이 있고 그 대롱 속에 빨간 피 같은 액체가 보였다. 기도하는 가운데 그 빨간 액체가 차츰차츰 혈관 속으로 들어가더니 계속해서 기도할 때 하나님께서 다 없애주셨다.

이런 하나님의 역사를 통해 "기도의 자식은 망하지 않는다!"라는 말씀을 체험하게 되었다. 지금도 살아계셔서 우리를 치료해 주시는 '여호와 라파'의 하나님, 생명의 주관자 되시는 하나님을 체험하는 놀랍고 신비로운 은혜의 시간이었다.

할렐루야! 하나님께 모든 감사와 찬양과 영광을 올려드립니다!

† 고관절을 치료해 주시는 하나님

2년 전에 옆구리가 아프고, 갑자기 고관절도 아파서 거의 다리를 끌다시피 하며 간신히 걸어 다니게 되었다.

병원에 가서 CT 촬영을 했더니 고관절과 갈비뼈에 금이 갔다고 했는데 골다공증 때문이라고 했다. 골다공증약을 먹는 것 외에는 특별히 조치할 것이 없다고 했다. 특히 고관절의 경우 치료도 쉽지 않고 그렇다고 수술을 할 수 있는 상황도 아니었다. 이런 상황에서 내가 할 수 있는 것은 오직 하나님 앞에 나아가 기도하는 것 외에 다른 방법이 없었다.

놀랍게도 하나님께서 나의 고관절과 갈비뼈에 금이 간 것을 다 치료해 주셔서, 지금은 아무런 통증 없이 걸어 다닐 수 있도록 깨끗이 치료해 해주셨다.

할렐루야! 오직 하나님만이
나의 치료자가 되시며 구원자가 되십니다!
하나님께 모든 감사와 찬양과 영광을 올려드립니다!

갈비뼈와 고관절 통증 때문에 어느 순간 나도 모르게 몇 개월간 기도하는 것을 쉬었던 적이 있었다.

통증이 회복된 후 하나님께 기도하는데 하나님께서 "분홍아, 그렇게 기도하던 네 기도가 다 어디로 갔느냐?"라고 말씀하시는 음성을 듣고 깜짝 놀랐다.

이 말씀을 듣고도 계속 기도하지 않다가 어느 날, 자기 전에 기도하는데, 전에 기도 가운데 보여주셨던 푸른 초장, 맑은 물, 무성한 숲들 대신 시꺼먼 땅이 보여서, 하나님께 저 시커멓게 보이는 것이 싫다고 말씀드렸더니 하나님께서 "너는 기도자로 태어났는데 기도를 하지 않아서 그렇다"고 말씀해 주셔서 다시 기도를 시작했다. 하나님께서는 내가 하늘나라 가는 날까지 기도를 쉬지 말라고 하시는 것 같았다.

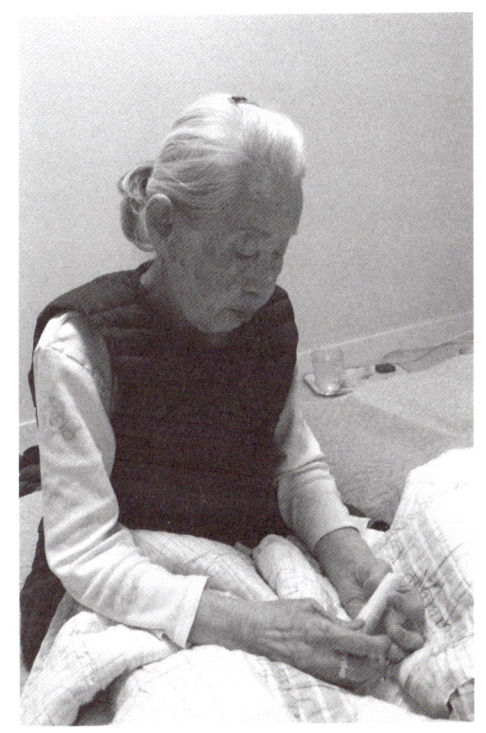

2022년 자녀들과 레거시를 나누면서~

3부

기도 노트와
손끝의 기쁨

나의 기도 노트

　이것은 기도하는 중에 하나님께서 보여주신 환상과 음성이 너무 신비롭고 소중해서 기도 노트에 적어두었던 내용 중 일부를 적은 것이다.

이 모든 것이 지금과 같은 최첨단 시대를 살아가는 우리에게
하나님의 놀라운 능력과 신비를 알아가는
은혜의 도구로 쓰임 받기를 소망하면서
하나님께 모든 감사와 찬양과 영광을 올려드립니다!

1999년 7월 14일 수요일

내가 교회에 가서 엎드려 기도하는데, 교회 강대상 위 높은 곳에서 하나님의 손에 흑장미 한 송이를 잡고 있는 것을 보여주시면서 하나님께서 "이것을 잡아라!" 하시길래 내가 바라보니 너무 높아서 하나님께 "너무 높아서 거기 올라가지 못하겠나이다!" 하니까 하나님께서 "네 손을 내밀라!" 하셔서 내밀었더니 내 몸이 붕 떠올라가서 그 장미 송이 줄기 가운데를 잡고 "하나님, 제가 잡았나이다!"라고 말씀드렸더니 하나님께서 "오!" 하시면서 하나님의 손이 사라졌다.

1999년 9월 17일 목요일

병원에서 남편을 간호하다가 새벽에 기도하는데, 왼쪽으로 탐스러운 소나무 한그루가 서 있고 내가 선 곳에서 소나무 있는 곳은 거리가 조금 떨어져 있었고, 내가 오른쪽을 보니 새파란 잔디가 쭉 깔렸는데, 내가 선 곳에서 한 발 정도 거리에서 묘지가 나타나 보였다. 터가 평평한 것이 참 좋았다. 지금 남편을 장사하여 모신 그 터가 꼭 그 터였다. 하나님은 참 좋으신 분이셨다. 이렇게도 세밀하게 내게 보여주셨다. 이 환상을 본지 5일 만에 작고하셨다.

2000년 9월 29일 새벽

전 서방(맏사위) 기도에 숱한 무거운 짐들이 다 나가고 악한 사탄 마귀를 다 물리치느라 1시간 10분을 씨름했다. 다 물리치고 나니 전 서방이 평안한 얼굴로 빽빽이 우거진 큰 나무 그늘 속에서 기쁨이 넘치더라. 참 좋았다.

2001년 10월 26일 금요일

새벽 ○○ 기도할 때 많은 마귀를 물리쳤다. 10월 30일 새벽에도 그러했다. 1시간씩이나 씨름했다.

2005년 12월 2일 금요일

저녁 11시 정한 시간에 기도할 때 모든 하는 일을 이루어 주리라 하셨다. (현석이 기도할 때다) 그리고 또 내가 너를 도우리라 하셨다. 또 자녀 4남매를 도우리라 하셨다. 내게 말씀하시기를 자녀를 위하여 구하기만 하라 하셨다. 그리고 또 나를 별과 같이 빛나게 하리라 하셨다. 이 얼마나 기쁜 일인가! 웬 은혜이고 웬 사랑인지 너무나도 기뻤다. 이 일을 누가 알랴! 하나님과 나 사이만 알겠지! 하나님, 참으로 감사합니다.

2006년 11월 14일

맏딸 현순이가 갑상샘암 수술한다는 소식을 듣고 기도할 때, 환상 가운데 손바닥만 한 솔잎에 다이아몬드 같은 물방울이 조롱조롱 달려있으면서 빤짝빤짝 빛났다. 그런데 햇살이 올라오면서 물방울이 모두 우수수 떨어졌다. 내 마음이 편했다.

2007년 12월 31일

낮 12시에서 1시까지 기도하는데, 현석이를 위한 기도에 예수님께서 어린아이(3~4살) 현석이를 등에 업고 계셨고, 그다음에는 예수님께서 초등학교(7~8살) 정도로 보이는 현석이와 손을 잡고 가시더니 그다음에는 예수님 옆에서 성장한 현석이가 맞추어 서서 선한 미소를 짓는 것을 보았다. 참 좋았다.

* 하나님께서 이 기도에 대한 해석을 주셨는데,

2011년 6월 7일 화요일

1) 예수님의 등에 업혔던 것은 아주 어린아이의 믿음이고,

2) 예수님과 손을 잡고 가는 것은 믿음이 조금 자랐다는 뜻이고,

3) 예수님과 함께 서 있다는 것은 성숙한 믿음이라는 뜻이라고 알려주셨다.

2007년 12월 31일

저녁 12시에 시작해서 아침 5시까지 철야기도를 했다. 주님과 대화하면서 마귀를 물리쳤다. 주님이 자녀를 위하여, 나를 위하여 상세하게 말씀해 주셨다. 너무 기뻤다.

2008년 4월 25일 금요일

새벽에 남임(둘째 딸)이를 위한 기도가 참 좋았다. 생전 보지 못했던 고상한 나무도 보았고, 나무가 하늘하늘 나뭇잎이 흔들리며 쭉 뻗어 올라간 나무 사이에 남임이가 사뿐사뿐 걸어오는 것을 보았다. 그런데 하나님께서 그 모습을 남임이를 높이는 뜻이라 말씀하셨다.

2008년 6월 16일

새벽기도에 나의 모든 형편을 주께서 다 아시고 다 말씀해 주셨다. 내 기도, 성장, 내 마음, 내 행실을 다 안다고 말씀해 주셨다. 매우 기뻤다.

2008년 7월 1일 화요일

오늘 새벽기도에 교회 일로 기도할 때 나의 잘못을 기도했다. 하나님께서 내게 교회 되어가는 일을 보여주셨는데, 내가 꾸준히 기도하지 못한 죄를 회개했다. 요나와 같은 회개가 나왔다. 하나님은 기도하라고 미리 보여주셨는데, 내가 무심코 있었던 것을 회개했다. 내가 속히 깨닫지 못한 것을 회개하니 그것도 당신의 뜻이라고 말씀하셨다. 그러나 네가 좀 둔하다는 것을 말씀하셨다. "열심히 기도하여 기도의 분량이 차면 이루어 주마!" 하셨다.

2008년 7월 10일 수요일 새벽

남숙(셋째 딸)이 얼굴에 가로등 전구의 탈과 두꺼운 비닐 탈이 덮어 씌워져 있는데, 남숙이가 참 괴로워했다. 내가 기도를 하니 하나님께서 그 탈을 다 물리쳐 주셨다. 그다음 남숙이가 넓은 들판에 보리가 무성한데 거기를 거닐 때의 얼굴이 참 아름다웠다.

미소를 지었다.

> 8월2일 못 남임기도 하라고 죽남과 대화를 했다 내가 남임을
> 도와달라고 했든이 하나님은 남임이를 도와준라고
> 걱정하지 말라고 하셨다 남임의 야릇한 마음을 하나님
> 은 아시고 계시더라
> 8월13일까 남임기도에 여러가지 야채가 싱싱하게 보였더 중라라
> 8월29일을 하나님께서 남임이를 칭찬 자랑 하셨다
> 내가 남임이 마음이 비단같은 마음이라 했든이
> 하나님께서는 물결같은 마음이라 하셨다
> 하나님이 도와 주신다고 걱정 말라 하셨다

2008년 7월 15일 새벽

남임(둘째딸)이 기도하는데, 내가 하늘나라 갈지라도 남임이를 도와달라고 울면서 기도했다. 또 마귀도 많이 물리쳤다. 10마리 정도였다. 1시간 정도 씨름했다.

2008년 7월 22일 새벽

현순(맏딸)이 기도에 하나님의 왼손으로 현순이 귀뿌리 밑에 손을 대고 안수해 주시더라. 그런 다음 푸른 초장과 꽃도 보였다.

2008년 8월 29일 금요일

기도 중에 내가 하나님께 남임(둘째 딸)이 마음이 비단 같은 마음이라 하니까, 하나님께서는 물결 같은 마음이라 하시면서 내가 도와줄 테니 걱정하지 말라 하셨다.

2009년 11월 13일

남숙(셋째 딸)이의 기도가 참 좋았다. 남숙이가 교단에 섰는데 꼭 교사와 같이 참 겸손한 모습이었다. 그런데 조금 있다가 본인이 기도를 하는데 사무엘과 같은 모습이었다. 참 아름다운 모습이었다. 남숙이를 사랑한다고 하셨다. 나에게도 사랑한다고 하셨다. 그러면서 무엇이든지 구하라 하셨다. "이루어 주마" 하셨다. 늘 기뻐하며 쉬지 말고 기도하며 범사에 감사하라고 하셨다. 남숙이에게 사흘 동안 새벽기도에 나가라 하셨다. 너무나 감사해서 내가 울었다. 하나님, 감사합니다. 참 감사합니다.

2010년 8월 3일 화요일

남숙(셋째 딸)이를 위한 기도에 무성한 나무가 보이고 물이 흐르는데 팥죽 같은 물이 흐르다가 맑은 물로 보였다. 팥죽 같은 물이 남숙이의 피눈물이라 했다. 오늘도 남숙이의 기도가 좋았다.

2011년 1월 12일 수요일 새벽

나에 대한 기도 중에 주님께서 내가 하늘나라 갈 때, 잔치를 베풀어 주겠다고 하셨다.

2012년 1월 25일 수요일

새벽기도에 남임(둘째 딸)이 머리 아픈 것을 위해 기도하는데, 무슨 이물질이 많이 빠져나가고 긴 수건 같은 것으로 머리를 싸매어 주셨다. 이물질이 빠져나가서 허전하니까 싸매어 주신다고 하셨다. 믿습니다!

2013년 1월 17일 목요일

둘째 딸 남임이 유방 수술을 위한 기도에 하나님께서 아주 큰 나무를 무척 잎이 무성한 것을 보여주셨다. 온 산에 무성한 나무가 꽉 찬 것을 보여주셨다. 너무나 기뻤다. 하나님, 감사합니다. 하나님께서 남임이 유방에 하나님의 두 손으로 유방을 꼭 짜주셨다. 그런데 그 하나님의 손을 떼지 않으시면서 배 안에 있는 모든 병을 다 치료해 주신다고 말씀하셨다.

2013년 4월 27일 토요일

저녁기도 ○○○ 권사님 기도에 마귀를 많이 쫓아냈다.

2013년 12월 8일 주일

저녁 기도에 내가 할 본분을 다하지 못해서 간절히 기도하는데, 고린도전서 3장 13절 말씀을 주셨다. 찾아서 읽어보니 참 두려웠다.

> 각 사람의 공적이 나타날 터인데 그 날이 공적을 밝히리니
> 이는 불로 나타내고 그 불이 각 사람의 공적이
> 어떠한 것을 시험할 것임이라 (고린도전서 3:13)

* 12월 8일 주일 찬양예배에 내가 대표기도하게 되었다. 집에 와서 생각하니 내가 하나님께 내 생명을 교회를 위해 연장시켜 달라고 했었는데 2년이 되도록 한 것이 없어서 눈물로 간절히 기도했다.

2014년 2월 26일 수요일
저녁기도에 교회를 위해 하나님께 간절히 기도할 때 하나님께서 나의 기도를 들어주겠다고 하셨다. 중직자 선출 문제와 교회를 위해 눈물로 간절히 기도했다. 애통하면서 기도했다. 아름다운 보라 꽃과 노란 꽃도 보았다. 보지 못했던 꽃이 참 아름다웠다.

2014년 3월 25일 오후 5시

내가 잠깐 누워있는데 하나님과 대화했다. 참으로 이상하다. 하나님은 나를 사랑하신다고 말씀하셨다. 하나님 아버지께서 말씀하시기를 당신은 이스라엘 백성한테 징계도 하셨다고 하셨다. 그런데 너는 여태까지 모든 일에 누구한테도 화내는 일이 없더라고 하시면서 "너는 어찌 그리 살았느냐!" 하셨다. 내가 있을 처소도 알려주셨다. 하나님은 나의 모든 것을 다 알고 계신다. 참으로 신기하다. 일어날 때 오후 5시 24분이었다. 하나님께서 "내가 너에게 복을 주어서 네가 늦게나마 입고 싶은 옷도 입어 보지 않았느냐! 멋도 부려 보지 않았느냐!"고 하셨다.

2014년 4월 8일 화요일 저녁기도
남숙(셋째딸)이 기도에 여태까지 지나온 모든 것에 마귀가 한없이 나가는 것을 보여주시고, 아주 아름다운 꽃과 푸른 초장을 보여주셨다.

2014년 4월 19일 토요일 저녁기도
진경(손녀)이 졸업작품(4/21) 기도에 아름다운 꽃이 가지각색으로 얼마나 많이 보여주시는지 참 기뻤다. 또 누워서 진경이 생각을 했더니 소나무가 울창한 모습인데 두 그루의 가지가 뻗어서 하늘을 덮더라. 참 좋았다. 상상할 수 없이 좋았다! 이 모습은 나나 알지 누구도 모를 것이다.

2015년 1월 11일

하나님은 내 마음 속속들이 다 알고 계셨다.

1) 기도에 소원을 다 이루리라

2) 별과 같이 빛날 것이다

3) 마음에 평안이 있을 것이다

2017년 3월 24일 금요일

이날 주님이 왜 그리 보고 싶은지 울었다.

2018년 4월 26일 수요일

꿈에 여러 사람의 이름을 쓰는 순서에 따라서 쓰라 하는데, 내가 처음에는 붓으로 쓰려고 하는데 먹물이 묻지 않아서 쓰지 못하고 또 볼펜으로 쓰려고 하니 또 잉크가 나오지 않고 종이만 찢어져서 아무리 쓰려고 해도 내 이름을 쓰지 못했다. 참 이상했다. (남임이가 해석하기를 엄마는 아직 하늘나라 갈 때가 안 되어서 그렇다고 했다) 그래서 하나님께 여쭈어 보았더니 그렇다고 하셨다.

2018년 6월 6일 저녁기도

사모님 병 기도에, 맑은 물이 보였는데 물속에 천 조각 같은 것이 보이길래 물리치려고 기도했더니 흙탕물이 되어서 또 한참을 기도했더니 또 맑은 물이 보이더니 물속에 큰 가물치 같은 고기가 보이는데 아무리 쫓아도 가지 않고 입만 뻐끔뻐끔하고 나를 쳐다보고만 있더라. 고기가 요동하지 않고 있었다.

2018년 11월 6일 화요일

남편이 40년 전에 큰 사기 당했던 것이 생각날 때마다 남편을 원망했었는데, 하나님께서 나 때문에 그랬다고 말씀해 주셔서 깨닫고 회개했다. 참 감사하다. 이제라도 깨닫게 해주셔서 회개할 수 있도록 알려주시니 이 얼마나 감사한가!

2018년 12월 1일 주일 저녁기도

우리 사모님 병 기도에 하나님께서 환상을 보여주시는데, 바가지 같은 속에다 (오톨도톨한 모양인데) 밀가루 같은 것을 뿌려주시는데 저게 무엇인지 여쭈어 보았더니 약 가루라는 뜻으로 말씀하셨다. 사모님 병에 대해서 내가 너무 안쓰러워서 기도를 하나님께 간절히 했다. 나는 모른다. 하나님의 뜻이 무엇인지 나는 믿는다.

2018년 12월 9일 저녁기도

비가 많이 오는데 성택(외손녀 사위)이가 그 비를 다 맞고 있었다. 내가 너무 안타까워서 저 비를 저렇게 맞게 하시면 어떻게 하느냐고 걱정을 하니까, 하나님께서 해로운 비는 아니니 걱정하지 말라고 하셨다. 그리고 밑에 땅을 보니 밭에 녹두 싹 같은 것들이 많이 난 것을 보았다. 그 싹들이 비를 맞아서 너무 싱싱했다. 참 좋았다.

2019년 7월 10일 저녁

꿈에 남편이 날 데리러 왔었는데, 내가 열차를 거의 다 올라가 탈 뻔했는데 꿈에서 깨어났다.

이 꿈은 세 번째 꿈이다.

첫 번째는 담 넘는 꿈

두 번째는 요단강을 건너는 꿈

세 번째는 기차 타는 꿈

2021년 11월 5일

새벽에 하나님께서 환상 중에 내가 상을 많이 받아야 한다고 하셨다. 사람들이 노벨상이냐고 여쭈면서 배우들이 받는 상인가 여쭈어 보니 그런 상이 아니라 했다. 그보다 더 큰 상 하나님의 상이라 하셨다.

> "남숙이 병이 6月 12日에 뇌출혈 병이 났다
> 7月 서울 아산 병원에 왔다
> 내가 기도 하는데 파란색속에 빨간색 물질이 있었다
> 그물질이 혈관이 였다 그것을 내가 없게
> 해달라 했든이 (하나님)께서 점점 없에 주셨다
> 너무 좋았다
> 10月 18日에 아산병원에서 또 검사를 한다
> 결과를 잘나오기를 믿는다
> 남숙이가 추석에 왔다 9月 24日에 대구에 갔다
> (21日) 검사 결과가 잘 나 왔다 감사 합니다"

2022년 6월 12일

남숙이가 뇌출혈로 급한 상황이 되었다. 7월 남숙이가 서울 아산병원에 왔다. 내가 기도하는 중에 팔목 속에 빨간색 물질이 보였는데 그것이 혈관이었다. 하나님께 그것을 없게 해달라고 간절히 구했더니 하나님께서 점점 없애주셨다. 너무 좋았다! 10월 18일에 서울 아산병원에서 또 검사를 한다. 결과가 잘 나오기를 믿는다. 남숙이가 추석에 왔다가 9월 24일 대구에 갔다. 21일 검사 결과가 잘 나왔다. 하나님, 감사합니다!

1987年 6月 17일 나의 몫정

첫째 기도의 영역을 주세요

둘째 저에게 지혜와 총명을 주세요

셋째 온식구의 건강을 주세요

넷째 물질의 축복을 주세요

다섯째 자녀들에 믿음이 더욱 열심있는 믿음주세요

6섯째 믿지 않는 헌숙의 가정 꼭 하나님을 영접하게 해주세요

일곱째 자녀들 가정에 건강과 물질의 축복을 주세요

여덟째 믿지 않는 동기간 친척들 다 전도 할수있게 해주세요

아홉째 하나님 앞에 몸으로나 물질로나 봉사 할수있게 해주세요

열째 남을 사랑할수있는 맘음을 주세요

1987년 6월 17일 나의 기도 제목

첫째, 기도의 영역을 주세요.
둘째, 저에게 지혜와 총명을 주세요.
셋째, 온 식구의 건강을 주세요.
넷째, 물질의 축복을 주세요.
다섯째, 자녀들의 믿음이 더욱 열심있는 믿음 주세요.
여섯째, 믿지 않는 현순이 가정 꼭 하나님을 영접하게 해주세요.
일곱째, 자녀들 가정에 건강과 물질의 축복을 주세요.
여덟째, 믿지 않는 동기간, 친척들 다 전도할 수 있게 해주세요.
아홉째, 하나님 앞에 몸으로나 물질로나 봉사할 수 있게 해주세요.
열째, 남을 사랑할 수 있는 마음을 주세요.

성경 필사와 뜨개질

　하나님의 은혜로 93세의 나이에도 성경을 필사할 수 있는 눈과 손의 힘을 주셔서 지난 3개월 동안 신약 필사를 끝낸 후에 지금은 구약을 필사 중이다. 창세기부터 시작해서 여호수아를 쓰고 있는 중인데 구약의 마지막 말라기서까지 필사할 수 있도록 하나님께서 은혜 베풀어 주시기를 기도드린다.

　내 인생의 유일한 취미 활동은 뜨개질인데, 60대부터 시작해서 지금까지 거의 34년간 계속하고 있다. 일단 뜨개질을 시작하면 마칠 때까지 시간 가는 줄도 모르고 손에서 놓기 어려울 정도로 몰입하게 되는데, 마지막 마무리 단계에 이르면 거의 새벽녘에 이르게 된다. 오죽하면 이렇게 무리하는 나를 보고 둘째 딸이 좀 쉬어야 한다면서 실을 사다 주지 않겠다고 한다.
　한번은 내가 아플 때 드러누운 채 나도 모르게 허공에다 손을 들고 뜨개질하는 모습을 목격한 둘째 딸이 그 모습을 흉내 내는데 서로가 한참을 웃었던 적이 있었다.

　나는 손을 움직이지 않고 가만히 있으면 무료해서 견딜 수 없기에 손으로 무엇이든 해야만 한다. 둘째 사위가 아침에 내가 뜨개질하는 모습을 보고 출근한 후 퇴근하고 돌아와서도 동일한 자리에서 뜨개질하는 나를 보고 깜짝 놀라면서 "어휴! 장모님, 제발 좀 쉬어가면서 뜨개질하세요"라며 몇 번을 말하곤 했다. 참으로 연약한 나에게 지금까지 이렇게 뜨개질을 할 수 있도록 영, 혼, 육의 강건함을 허락해 주신 하나님께 감사와 찬양과 영광을 올려드린다.

마치며

비록 내 나이가 93세이지만 지금도 하나님 앞에서는 늘 어린아이처럼 된다. 때로는 하나님 앞에서 응석도 부리면서, 쑥스러움에 몸둘 바를 몰라 하면서 때로는 하나님께 입술로 감당할 수 없는 감사와 은혜를 유희와 찬양으로 경배하기도 하면서, 그러나 하나님께서는 이런 나의 모든 것을 사랑으로 받아주셨다. 이것은 경험해 보지 않으면 어떻게 말로 표현할 수가 없다.

지나온 세월을 돌이켜 보면 모든 것이 감사하지만, 특별히 감사한 것은 지금까지 힘들고 어려운 인생의 여정을 지나왔음에도 하나님께서는 내 얼굴에서 모든 고난과 상처의 흔적들을 다 지워주셨다는 것이다. 가끔 밖으로 외출할 때면 모르는 사람들이 먼저 다가와서 "할머니, 어떻게 이렇게 곱게 늙으셨어요! 저도 할머니처럼 늙었으면 좋겠어요"라고 말하곤 한다.

이렇게 하나님께서는 우리의 속사람뿐만 아니라 우리 외면의 모습까지도 다듬어 주시는 세밀하신 하나님이심을 체험하며 고백하게 해주신다.

이제 이 땅에서 남은 생명이 얼마나 될지 오직 하나님만 아신다. 이제 내가 더 이상 바랄 것이 무엇이 있겠는가! 다만 두 가지이니, 하나는 내 배에서 나온 자손들이 예수님을 제대로 믿고 성숙한 그리스도인으로 변화되어 하나님께 사랑받고 인정받는 것과, 또 하나는 나의 사랑하는 조국 대한민국과 온 백성이 하나님의 뜻을 올바르게 분별하여 전 세계에 복음을 전하는 제사장 나라로 쓰임받는 것이 아니겠는가? 요즈음은 매일 잠자리에 들 때마다 내게 들려주셨던 하나님의 음성이 귓가에 생생하게 울려온다. 천국 갈 때 하나님께서 나를 영접해 줄 천사를 보내주시겠다고 약속한 말씀과, 하나님 뒤편에서 내가 오는 것을 환호하는 천국 백성의 소리가….

부록

예수님과 함께 걸어온 길

말씀 묵상은 최고의 즐거움, 2022년 10월

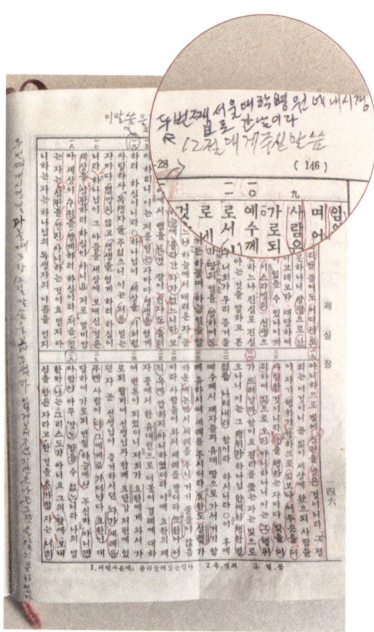
두 번째 서울대학병원 위내시경 결과 볼 때 주신 말씀 (요3:12)

성경(신약) 필사 중, 2024년 2~5월

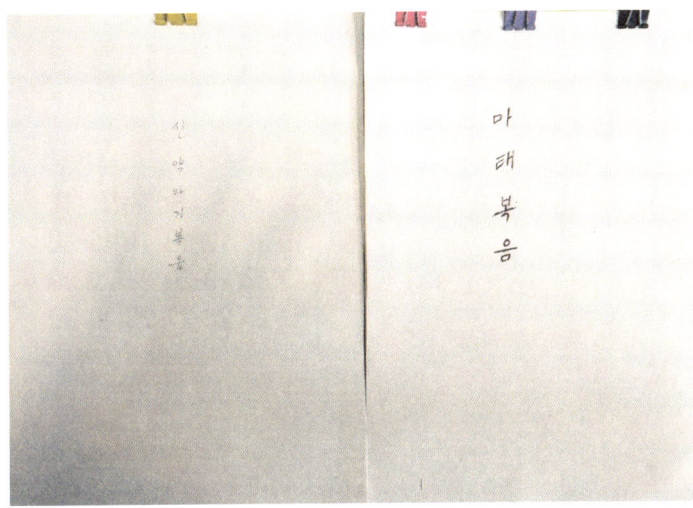

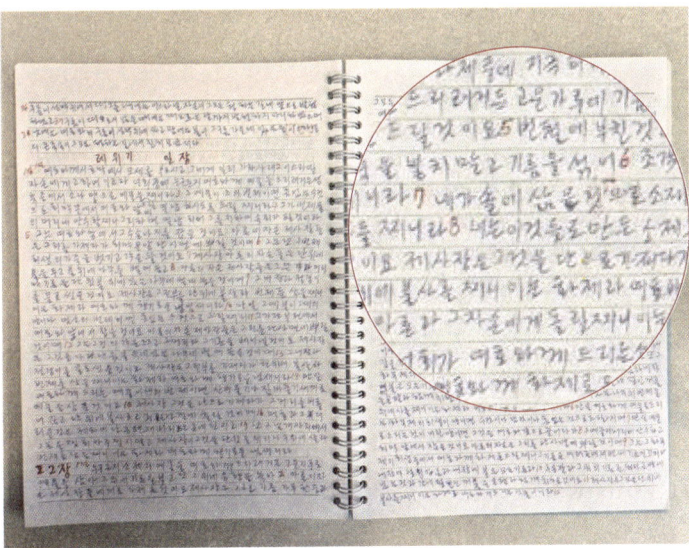

신약 필사본

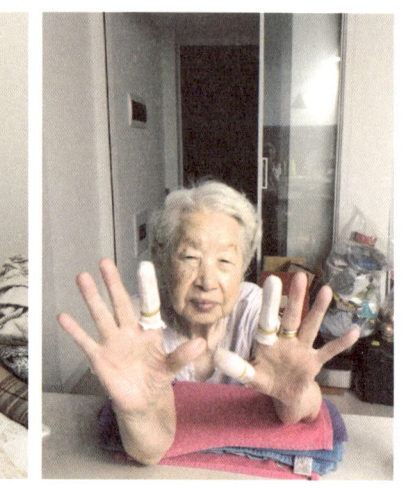

내 평생 유일한 취미 활동 뜨개질

손가락 부르트는 것을 방지키 위한 커버,
2024년 7월

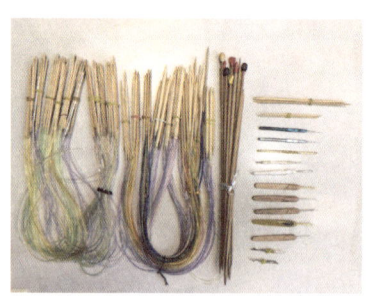

34년간 사용한 뜨개질 바늘

아버지가 만주에서 교육청 출장 시
사다 주신 83년 된 명주실

뜨개 작품들

2001년 아들 부부와 손자, 손녀들과 함께

2018년 아들 안수집사 취임식에서 둘째 딸과 며느리

2022년 둘째 딸 권사 취임식에서

구순 잔치 때 둘째 딸과 함께

구순 잔치 때 자녀들과 손자, 손녀들과 함께

2022년 12월 며느리와 함께

2025년 7월 자서전을 마친 후 아들과 함께